LOUIS II
DE BAVIÈRE

Le goût de l'Histoire

Collection dirigée
par
Jean-Claude Zylberstein

GUY DE POURTALÈS

Louis II de Bavière ou Hamlet Roi

Suivi de
Extraits de la correspondance
de Louis II et de Richard Wagner
traduite par M. Rouveyre

Paris
Les Belles Lettres
2019

© 2019, pour la présente édition
Société d'édition Les Belles Lettres
95, bd Raspail, 75006 Paris

ISBN : 978-2-251-44923-4

Note Préliminaire

Dans l'introduction à son excellente étude sur *Louis II de Bavière*, M. Jacques Bainville assure qu'« il serait difficile de compter ce que doit la littérature à la légende de ce malheureux roi ». J'avoue n'avoir lu aucun des commentaires lyriques ou des romans fantaisistes qu'il a inspirés. Il paraît que l'auteur du *Roi vierge* crachait sur les tapis de son appartement : cela m'a dispensé d'ouvrir le livre de ce poète. Je n'ai pas lu *le Roi fou*, ni *les Rois* de Jules Lemaître. Mon essai se fonde tout entier – quant aux faits – sur quelques ouvrages allemands : *Kœnig Ludwig II und seine Welt*, par M. Georg-Jakob Wolf ; *Ich, der Kœnig*, par M. Fritz Linde ; *Kœnig Ludwig II und die Kunst*, par Mme de Kobell, femme de M. de Eisenhart, lequel fut longtemps le secrétaire du cabinet royal. Ces volumes, auxquels on peut ajouter les souvenirs du dramaturge Karl von Heigel : *Kœnig Ludwig II, ein Beitrag zu seiner Lebensgeschichte* et les passages relatifs à Louis II dans la monumentale biographie de Wagner par Glasenapp, suffisent à donner une idée complète du sujet. Il faut joindre : *Chez Louis II, roi de Bavière*, par M. Ferdinand Bac, un recueil de souvenirs et d'anecdotes très savoureux, et, naturellement, le travail approfondi de M. Jacques Bainville, qui offre un exposé historique de la question indispensable à connaître, ainsi que bien des aperçus ingénieux sur la politique de cette époque *.

Le présent petit livre n'a point cette ambition. C'est un simple portrait. Mais, au cours de ces dernières années, il a été publié en Allemagne un certain nombre de documents nouveaux tirés des archives royales de Munich, ainsi que le fameux *Journal intime de Louis II (Tagebuch Aufzeichnungen von Ludwig II, Kœnig von Bayern*, préfacé et commenté par M. Edir Grein, chez R. Quaderer, Liechtenstein, 1925), qui permettent de voir plus loin dans notre personnage. En m'appuyant sur ces données inconnues jusqu'ici, en faisant des recherches consciencieuses sur l'amitié de Louis II et de Wagner, en compulsant leur correspondance publiée ou inédite, en essayant enfin de reconstituer autour de ces deux figures centrales l'atmosphère morale et intellectuelle de l'époque où naissaient Tristan, Zarathoustra et les châteaux du roi Louis, j'ai tenté d'achever ma Trilogie romantique. Et, en effet, ces trois figures de Liszt, Chopin et Louis II, me semblent montrer assez exactement les symptômes de cette longue et peut-être incurable maladie des hommes,

---

* Cette époque : *Voyez l'édition définitive de cet ouvrage, parue sous le titre* l'Allemagne romantique et réaliste, *chez A. Fayard, en 1927.*

N.B. : *Outre les ouvrages indiqués plus haut, j'ai utilisé la traduction française des* Œuvres *complètes de Wagner par M. Prod'homme (Librairie Delagrave), et celle des* Œuvres *de Nietzsche par M. Henri Albert (Mercure de France). Les passages de la Correspondance de Nietzsche ou de Wagner que j'ai cités sont traduits par moi-même dans la plupart des cas, ainsi que tous ceux de Shakespeare. Enfin, je ne saurais assez recommander aux curieux du* cas Wagner-Nietzsche, *la lecture du passionnant ouvrage de M. Charles Andler* : Nietzsche, sa vie et sa pensée *(5 vol. parus, aux Éditions Bossard). Ce pur et profond chef-d'œuvre d'analyse philosophique, d'érudition et de compréhension humaine m'a continuellement éclairé et guidé au cours de mes recherches.*

qui s'appelle le romantisme. Pour ramasser tout cela en trois mots : Liszt, c'est l'amour ; Chopin, la douleur ; et Louis II, l'illusion.

Ceci demanderait un développement, j'en conviens. Le lecteur s'en chargera. Il s'apercevra peut-être alors que pour réaliste, évolué qu'il soit, et même guéri de toute fièvre romantique, il n'en a pas moins conservé dans son sang les toxines. Mais qui sait si ce n'est pas par nos maladies que nous sommes vraiment vivants ?

La beauté est différente pour chacun, puisqu'elle n'est en somme que la forme donnée aux choses par l'amour. La beauté n'a pas de critère. L'amour non plus. Ce sont de libres et changeants complices qui nous exaltent et nous tourmentent à leur gré. Mais sans eux que saurions-nous accomplir ? La forme que nous donnons aux choses par l'amour est la seule beauté qui ait pour nous un sens. C'est notre vérité. C'est notre droit. C'est aussi notre justification.

Chez Louis II de Bavière, la beauté fut l'unique forme de l'amour. Et si sa vie ne me paraît plus aujourd'hui qu'impuissance et folie, son drame me touche d'autant plus qu'il a été vécu pour l'illusion. Ce timide rougissant a eu pourtant des audaces de César, et dans la vieille Europe du XIXe siècle finissant, il est le dernier grand artiste portant couronne. Dès lors, Louis II prend visage poétique, valeur représentative. Il est exceptionnel comme un personnage de tragédie. Et c'est tout naturellement qu'en étudiant son histoire, je lisais constamment Hamlet pour Louis.

Shakespeare, qui plus que poète au monde eut le don de double vue, a déchiffré clairement ce destin royal, et il a tracé de lui un portrait que tout commentaire affaiblirait.

Je le place ici comme une épigraphe à cette étude, et tel qu'il fut composé quelque deux cent cinquante années avant la naissance du prince de l'irréel.

« Ainsi, dit Hamlet, il arrive souvent chez certains hommes que, par une tare de la nature en eux, telle une tare de naissance (dont ils ne sont point coupables puisque nature ne peut choisir son origine), par le développement excessif de quelque penchant qui renverse les murs et forteresses de la raison, ou par quelque habitude qui corrompt les façons usuelles, il arrive, dis-je, que ces hommes portant l'empreinte d'un seul défaut (livrée de nature ou étoile de fortune), leurs vertus fussent-elles par ailleurs pures comme la grâce, infinies autant qu'il est possible en l'humaine nature, ces hommes seront frappés du blâme général pour ce vice particulier. Un seul grain d'impureté fera de leur noble substance un objet de scandale. »

J'ai dédié les deux premiers récits de cette « histoire du cœur » à une âme en peine et qui se cherche. S'est-elle rencontrée parmi ces ombres ? Hélas, elle aura plus de peine encore à se trouver ici, puisqu'il s'agit de l'ombre de quelques ombres. Au moins puisse-t-elle reconnaître que si toute paix et tout amour demeurent insaisissables, l'illusion reste notre accès le plus esthétique vers la réalité.

Opérette munichoise

Quelque trente ans après le séjour de Gœthe en Italie, qui inocula une suprême goutte de classicisme dans les veines du grand corps romantique allemand, un jeune prince de Bavière y débarquait à son tour et découvrait Rome. Non seulement Rome, mais Athènes dans Rome, l'Olympe éternel, les dieux, Homère, la beauté, son destin.

Devenu roi peu de temps après sous le nom de Louis Ier, il voulut faire de sa bonne capitale une nouvelle Athènes. Et frappant ce sol honnête et triste d'une canne d'or, il en fit jaillir des Propylées, un Parthénon, une Pinacothèque, une Glyptothèque en briques, qu'on recouvrit de ciment et qu'on veina au pinceau pour imiter le marbre. Puis il se maria, fut un époux fidèle, un père sévère, un monarque soigneux des deniers publics. Sa maîtresse unique restait la Grèce. Il la voyait partout. Il en imprégnait ses artistes, qu'il payait en couronnes de roses et de lauriers, mais achetait à l'étranger ses statues. Son règne se développait dans la paix et un hellénisme innocent. A un peintre qui avait fait du *Rhin allemand* un tableau allégorique, il disait : « Rhin vient du mot *rinos*. Le Rhin est un fleuve grec. » En 1832, il eut une grande joie : Othon, son fils encore mineur, fut désigné par le Congrès de Londres pour être roi des Hellènes. Mais cette joie dura peu. Les Grecs illuminèrent le Parthénon pour fêter l'arrivée du jeune Bavarois ; toutefois ils le chassèrent bientôt, ce qui n'enleva rien, du reste, à l'enthousiasme classique du roi Louis. Munich continua de se peupler de temples et de colonnes.

Cette vie se fût peut-être déroulée jusqu'au bout dans le calme et la bâtisse, si un incident d'une impertinence extrême n'était venu troubler à jamais son cours apollinien. Un soir de septembre 1846, comme elle travaillait dans son cabinet, Sa Majesté fut brusquement dérangée par un bruit inaccoutumé, des cris, une grande agitation. Un serviteur affolé vint alors lui apprendre que la danseuse espagnole qui devait débuter ce soir-là au théâtre, s'étant vu retirer la permission de paraître sur la scène royale, prétendait avec impudence arriver jusqu'au roi, et que, si elle n'avait été solidement empoignée, elle y fût ma foi parvenue ! Déjà le monarque roulait dans sa tête les divers châtiments que méritait semblable audace, lorsque, suivie d'un chambellan épouvanté, la danseuse parut. C'était une fille mince, brune, furieuse, étincelante. Le roi ordonna qu'on les laissât seuls. Il lui demanda son nom : « Lola Montès. » Il la pria de se rajuster, car dans la bagarre son corsage avait été à moitié arraché. Elle préféra de rester le sein nu. Elle parla. Elle s'expliqua. Elle plaida. Or, le royal amateur d'art, qui avait tant caressé de statues, ne pouvait croire à la perfection de cette vérité palpitante. Il tendit la main ; elle la prit et la mit devant « le fait accompli ». (C'est ainsi que s'exprime un rapport de police.) On voit qu'en cette affaire personne ne manqua d'à-propos. Mais le roi était perdu.

Louis 1er.

Lola Montès.

Dès le lendemain, Lola dansait devant un public émerveillé et un prince asservi. Elle reçut des vers, qu'il signait « Louis ». Puis des bijoux, des toilettes, des lettres enflammées. Puis encore des bijoux, énormément de bijoux, une maison, un équipage, de l'argent. L'avare grisonnant se muait en prodigue. La caisse royale fut mise à sec en quelques mois. On s'en prit alors à celle de l'État. Le cabinet fut renversé. D'autres le remplacèrent qui s'écroulèrent à leur tour. Le roi s'en inquiétait peu, n'étant plus passionné que de chorégraphie. Ou bien il promenait sa maîtresse chez les peintres, pour lui apprendre les Beaux Arts et faire faire son portrait. Toute l'année 1847 se passa en folies. On voyait Lola Montès caracolant à cheval par les rues de Munich, se faisant saluer comme une reine et menaçant de sa cravache les passants insuffisamment empressés. Elle reçut le titre de comtesse de Landsfeld. Elle se battait avec les étudiants qui manquaient d'admiration pour tant de romanesque, ou bien, lorsqu'ils manifestaient sous ses fenêtres, elle leur vidait sur la tête des coupes de champagne. Lola pensait racheter ses excentricités en « libérant le peuple », et faisait copier à l'usage de son royal toutou le Code Napoléon. Mais lorsque celui-ci assistait aux séances de pose, chez Kaulbach, elle l'obligeait de se mettre à genoux et lui frappait le crâne à coups d'éventail pour lui enseigner l'humilité. Cela ne déplaisait qu'à moitié à ce sexagénaire compliqué, mais le courbaturait beaucoup. Pendant ce temps, les curés prêchaient en chaire contre la bête de l'Apocalypse, ou bien ils déclaraient qu'à Munich Vénus avait remplacé sur son trône la Sainte Vierge.

Cela devait mal finir. Un jour, la danseuse fut traquée par la foule. Elle se réfugia dans l'église des Théatins ; la troupe fut mobilisée pour la délivrer. Le sang coula. Le 12 octobre 1848, le roi Louis dut signer l'ordre de bannissement, et à peine « la diablesse » eut-elle quitté sa demeure sous un déguisement, que le peuple l'envahit et y brisa tout. Le roi parut, calma la populace, puis rentra au Palais et écrivit ces lignes : « Bavarois ! Des temps nouveaux commencent, différents de ceux prévus par une constitution sous laquelle j'ai gouverné pendant vingt-trois ans. Je résigne ma couronne au profit de mon fils bien-aimé, le Kronprinz Maximilien. »

Ainsi tombait le rideau sur ce prologue de tragédie, qui ressemble à une opérette. Maximilien allait régner. Et le petit Hamlet, son fils, avait trois ans, celui qui devait dire, comme l'autre : « Le siècle est détraqué. Oh ! malédiction d'être venu au monde pour le remettre en ordre ! »

Un prince de conte de fées

Maximilien était très grand, très mince, avec une petite tête toute en front plantée sur un beau buste rond et fin. Les yeux profonds. Une jolie voix douce et haute de dame. Homme sage, sans génie, mais ferme, honnête, ardent à s'instruire et sans autre passion que celle-là. Sa femme, la princesse Marie de Prusse, était surnommée « l'ange », autant pour son visage de madone florentine que pour sa pureté de cœur et sa simplesse d'esprit. Mariée à dix-sept ans, elle était arrivée à Munich avec ses jouets et ses poupées quatre ans seulement avant Lola Montès. Elle apportait à cette cour de vieux garçons une fraîcheur naïve et le sang pathologiquement malade des maisons de Brunswick-Hanovre et Brunswick-Hohenzollern. Mais le vieux roi Pâris ne s'inquiétait pas des destins indéchiffrables. Il fit faire le portrait de sa bru pour sa galerie de beautés, où danseuses, filles du peuple, comédiennes et princesses réjouissaient ses loisirs de monarque éliminé.

Max prenait sa charge au grand sérieux, s'entourant de savants et de ministres. Une fois par semaine, le soir, réception au château, en habit et cravate noire. On se réunissait dans son cabinet, qui ressemblait à une chapelle, car il était fort pieux. Et même travaillé par les mystères de la théologie. C'est ainsi qu'il demanda une fois au professeur Jolly « si sa science ne lui permettait pas d'établir avec certitude que les seigneurs de ce bas monde auraient aussi dans l'autre une situation privilégiée ». Messieurs les savants se regardèrent, burent leur « demi » de bière et ne se gênèrent point pour répondre : « Sire, ce sont là des problèmes que vous ne comprenez pas. » Quant à la reine, elle écoutait du mieux qu'elle pouvait les lectures de poètes, mais priait doucement qu'on remplaçât partout le mot « amour » par celui d'« amitié ». Pendant ce temps, le petit Louis, leur fils, jouait sur le parquet à construire des maisons. Ce qui plaisait au grand-père. « Les Wittelsbach, disait-il, ont cela dans le sang. »

Quelques années s'en vont. Louis et son cadet Otto grandissent sans aventures et se développent sans joie. Princes soigneusement couvés, ils écoutent leurs professeurs et s'ennuient. Un seul plaisir à l'horizon : la campagne et les grands châteaux en Bavière. Principalement celui de Hohenschwangau, le « haut pays des cygnes », où est peinte sur les murs l'histoire du chevalier Lohengrin : adieux au burg du Saint-Graal ; l'empereur entend sonner la trompe du chevalier ; la victoire du héros dans le tournoi ; les noces de Lohengrin et de la duchesse de Bouillon.

Heures d'immenses rêveries devant ces fantasmagories exactes. « Heures perdues ! » s'écrie son maître. « Pourquoi ne vous faites-vous pas lire quelque chose, Altesse, au lieu de vous ennuyer à ne rien faire dans cette pénombre ? — Oh ! je ne m'ennuie nullement. J'imagine de belles choses et m'en amuse. »

On cherche à distraire violemment cet enfant trop concentré. Inutile. Il aime le silence au profond duquel il

entend tout à coup des voix. Quelles voix ? Il écoute.
Il s'arrête d'écrire ou de jouer. Il voudrait comprendre et
désigne l'endroit d'où sont parties les paroles d'un compagnon invisible.

Le docteur de la cour, Gietl, est témoin de ces faits et il
prend des notes. « Enfance trop solitaire – puberté – on ne
sait … » Le père gronde et ne croit pas aux revenants ni aux
esprits parleurs. On met les enfants à la diète. On les affame
presque. On double les devoirs. Le père exigeait qu'ils
eussent une culture « universelle ». Ils tremblaient devant
ce rigide pédant, qui s'érigeait en professeur des réalités
royales et bavaroises.

La reine Marie avec les princes Louis et Otto.

Portrait de Louis II.

Mais, bien que remarquablement doué et intuitif, Louis est un élève médiocre. Des maîtres tels que Liebig, le chimiste, et le célèbre théologien Döllinger, n'arrivent guère à l'instruire. C'étaient pourtant ses seuls amis. Pas de jeunesse autour des princes, aucun camarade de leur âge n'est admis. Et quand tout ne marche pas selon son gré, le père à la voix suave n'hésite pas à infliger de sa main des châtiments corporels. Jamais d'argent de poche, ou du moins si peu que rien : une douzaine de gulden par mois, à dix-sept ans.

Ce sont là des détails, mais qu'il importe de connaître. Car c'est au cours de ces années préparatoires que se décident les travers, les habitudes, les éloignements, les tendresses et les cruautés qui bientôt pousseront ces âmes encore muettes et impuissantes à se venger sur les autres – et sur elles-mêmes – des compressions, des blessures d'orgueil, des égoïstes douceurs qui les ont lentement instruites. La première fois qu'on remit au prince Louis une petite bourse, à sa majorité, il voulut acheter toute la vitrine d'un bijoutier. Il ne comprit jamais que les cinq ou six pièces d'or qu'il possédait n'y suffissent point. Dès lors, il renonça pour toujours à approfondir cet ordre de choses.

D'ailleurs, l'argent n'est-il pas qu'une simple convention ? Et les sentiments d'affection filiale ? (Il n'osait qu'à peine y songer.) Et le pouvoir ? Et la couronne ? Et la vie ? (Autant d'abstractions.) Qu'est-ce qu'il y a de vraiment vrai, de nécessaire, de personnel, de bon, dans cette usine quotidienne de devoirs où chaque quart d'heure est d'avance réglé et haï ? Eh bien, voici : l'unique réalité, c'est le rêve ; l'unique bonheur, la solitude ; le seul amour, ces élans sourds, profonds, remplis d'une sensualité agissante, qui vous jettent la bouche tendue vers les hommes et les femmes qu'on voit dans les livres, ou sur les tableaux, ou sur les tapisseries. Le chevalier aux cygnes, la belle duchesse, les nuages au couchant, les forêts, le cor des gardes-chasse, le chant d'un pâtre, seules choses authentiquement vivantes et qui relient les grandes vérités de la poésie aux fantômes de la réalité. Et aussi la pêche au brochet, à l'aube, dans les lacs. Et encore, et toujours ce poème de *Lohengrin* qu'il avait lu en cachette, à treize ans, qu'un musicien avait, paraît-il, composé et qu'il savait par cœur d'un bout à l'autre sans aucune faute de mémoire, lui qui ne pouvait se mettre une page de grammaire dans la tête.

Or, en 1861, l'Opéra de Munich afficha *Tannhäuser* et *Lohengrin*. Louis, en tremblant, demande à son père d'y pouvoir assister. La permission accordée, l'adolescent y va avec le seul comte de Leinfelder, son aide de camp. C'est la première fois qu'il entend une mesure de la musique de Wagner. Tel est son saisissement, que l'aide de camp, notant les réactions du prince, observe d'inquiétantes transes, qu'on croirait douloureuses. « Par exemple, écrit-il, lorsque Tannhäuser revient au Vénusberg, le corps du prince fut secoué de spasmes véritables. C'était si violent que je redoutai un instant une crise d'épilepsie. » Mais la musique n'est pas la cause première de ce bouleversement. C'est le poème, les idées, les symboles derrière lesquels s'ouvre tout un monde insoupçonné. Louis ne peut plus songer qu'à cela, et quelque temps après, il vole sur le piano de son oncle un livre de Wagner : *L'Œuvre d'art de l'avenir*. Quelle pâture ! Quel programme ! Le mot *avenir* surtout gagnait comme une maladie cette sensibilité en peine de refoulement.

« L'œuvre d'art est un acte de vie », lisait-il. (Dans quels mensonges avait-il donc été élevé ?) Le peuple seul est porteur des grandes nécessités de la vie et de l'art. Il est la force efficiente de l'œuvre d'art, qui est une création en commun. « Un seul peuple a réussi jusqu'ici cette communauté dans le vouloir artistique : le peuple grec ; aussi devons-nous faire de l'art hellénique l'art humain en général. » (« Tiens, tiens, mon grand-père est donc le seul qui ait vu clair ? ») « L'homme doit être considéré comme son propre objet et sujet artistique. Mais son orgueil, la toute-puissance de ses sensations physiques et même les sentiments de son cœur tomberont dès qu'ils se manifesteront à l'homme intelligent, parce que sentiments et sensations communs à toute l'espèce. Il ne peut vouloir que l'universel, le vrai, l'absolu, sa propre absorption, non dans l'amour de tel ou tel objet, mais dans l'amour en général. Ainsi l'égoïste devient communiste, l'Un devient Tout ; l'homme devient Dieu ; et l'artifice, l'art. » Or, la musique est le cœur de l'homme. Son langage, l'art des sons. « La musique est l'amour du cœur dans la plénitude de son bouillonnement ; elle est l'amour qui ennoblit la volupté et humanise la pensée abstraite. » — « Dans le royaume de l'harmonie il n'y a ni commencement ni fin, de même que l'ardeur intime de l'âme n'est elle-même qu'aspirations, élans, langueur, expiration, c'est-à-dire mort. Mais mort sans mort, à cause d'un éternel retour sur soi-même. » Et le poète ? Quel abaissement dans sa recherche présente des réalités pratiques ! « Le besoin véritable de notre temps ne se manifeste qu'en vue de l'utilité la plus stupide. Il n'y a que des appareils mécaniques, mais non des créations artistiques qui lui soient adéquats. » Un seul moyen d'en sortir : « la rédemption dans l'œuvre d'art de l'avenir. Des arts purement humains, sans égoïsme ; la rédemption de l'homme *utilitaire* par l'homme *artiste* ». Alors seulement le mondain racheté poussera du fond du cœur la parole que Beethoven plaça comme une couronne au sommet de

son œuvre : « Joie, soyez embrassés, ô millions d'êtres ! »
Tel sera le langage de l'œuvre d'art de l'avenir.

Ah ! il était bien le maître attendu, celui qui proclamait
une telle espérance.

En 1863, Louis atteignit sa dix-huitième année et sa
majorité. Cette même année vit l'affaire du Schleswig-
Holstein, qui agita fort toute la Bavière. Malade et fatigué,
le roi Maximilien était parti pour l'Italie, où il pensait se
reposer longuement. La politique le rappela dans sa capitale, car le peuple tout entier voulait qu'il prît en main la
cause du Schleswig indépendant. Il n'osa point tenir tête
à l'Autriche ni à Bismarck. La lutte qu'il soutint contre
lui-même et sa conscience brisa cette majesté fragile.
Après trois jours de maladie, le 10 mars 1864, sans souffrances et sans inquiétudes, Maximilien expira.

Ce fut dans toute l'Allemagne de la stupeur. A Munich,
la foule consternée remplissait les rues et le Palais Royal.
La grosse cloche Benno, de la Frauenkirche, sonnait un
glas incessant. Le 14 mars eurent lieu les funérailles. Le
peuple entier regarda défiler le cortège funèbre : princes,
ambassadeurs, délégués, généraux et cavalerie. Puis vint le
catafalque. Toutes les têtes se tendirent pour voir passer
le nouveau roi, cet enfant qu'on disait sauvage, énigmatique, à peine formé.

Or, dans un silence énorme, s'avançait derrière le
corbillard un jeune dieu, le visage levé, grave, mais comme
souriant. Un inconnu, mais que chacun se rappelait avoir
vu. Vu où ? Vu quand ? Ils cherchaient à se souvenir.
Et tout à coup le savaient, se frappaient le front, riaient
d'avoir trouvé. Non, ce n'était pas un roi véritable, un roi
de chair comme les autres. C'était un prince de conte de
fées, un roi de légende, un poète que les dieux de l'Olympe

envoyaient sur la terre en signe d'amitié au fidèle peuple de Munich. Et déjà tous ces cœurs d'hommes, tous ces regards de femmes rayonnaient d'amour.

Deux poètes

La sottise de reprocher aux jeunes d'être trop expéditifs !
Qu'aurions-nous à notre actif si, d'enthousiasme, nous ne
savions pas quelquefois faire litière du raisonnable ? Louis
était pressé, comme tous ceux qui ne se sentent aucun
génie pour la vieillesse. Dans un des ouvrages de Wagner
– chers livres usés, brisés jusqu'aux ficelles, – à la fin du
prologue placé devant le *Ring*, il avait lu cette phrase :
« Se trouvera-t-il, le prince qui rendra possible la représentation de mon œuvre ? » Cet appel douloureux,
l'enfant qui voulait acheter avant-hier avec ses cinq pièces
d'or la boutique d'un joaillier se croit en mesure d'y
répondre. Un mois exactement après la mort de son père,
le 14 avril 1864, M. de Pfistermeister, conseiller aulique de
Sa Majesté, se met en route pour Vienne avec la mission
de ramener à son maître l'unique vivant sur la terre dont
celui-ci se reconnaisse le disciple. En quatre semaines,
l'enfant peureux est devenu un roi qui ordonne. Mieux
que cela : un homme. Et un homme résolu, impatient. Il
faut néanmoins de longs jours pour rejoindre le compositeur traqué, qui fuyait ses ennuis et ses créanciers de
Vienne en Suisse, de Zurich à Stuttgart. « Un miracle seul,

avait-il écrit, peut encore me sauver. » Le miracle se produit. M. de Pfistermeister trouve enfin dans une chambre d'hôtel, à Stuttgart, celui qu'il cherche. Il tend au désespéré une bague, une lettre et une photographie de la part de son maître. Trois jours après, le 5 avril, Wagner paraît devant le roi.

Louis, debout, est redevenu un enfant timide. Il ose à peine lever les yeux vers ce petit homme à courtes jambes, avec une trop grosse tête. Il entrevoit le front bombé, le visage vieux, les grands traits depuis longtemps sculptés pour la célébrité. Ce Lohengrin de cinquante ans, quel ami pour son âme vierge ! Il tend la main. L'autre s'avance, la saisit, s'incline. C'est l'instant, comme dit Gœthe, de l'« ivresse sans vin ». Longtemps Wagner reste penché, plein de silence. Et brusquement le roi l'attire contre son cœur, prononçant en lui-même le serment d'une fidélité éternelle.

« Je vous adresse », écrivait Wagner la veille au roi, « les larmes d'une émotion céleste pour vous dire qu'à présent les miracles de la poésie sont entrés dans ma vie malheureuse et altérée d'amour comme une divine réalité … » Et Louis répond maintenant : « Sans le savoir, vous avez été la source unique de mes joies, et, dès ma plus tendre enfance, mon meilleur maître, mon éducateur, et un ami qui, comme nul autre, a su parler à mon cœur. »

Devant une joie si forte, Wagner reste presque incrédule. Car les hommes qui toute leur vie ont rêvé le bonheur, lorsqu'ils le tiennent enfin, n'y peuvent pas croire. L'accompli ne les habite jamais. Sans doute quelque malheur s'embusque-t-il derrière ce trône de félicité. « Il me comprend comme ma propre âme », confie-t-il aux amis de Zurich … « De la magie de son regard vous ne vous faites aucune idée … » Mais « il est hélas si beau et si rempli de spiritualité que j'ai peur de voir s'évanouir sa vie comme un divin rêve dans cet ignoble monde ». — « Je crois, écrit-il à son ami Bülow, que s'il allait mourir, je mourrais aussi l'instant d'après. »

Pourtant, tout est d'abord à l'enthousiasme et à l'action. Le roi paye les dettes du musicien, lui assure une rente, fait louer pour lui la villa du comte Pellet, sur le lac de Starnberg, à un quart d'heure en voiture de son château de Berg. Un nouveau mois après, le 14 mai, Wagner y emménage. Tout s'enchaîne comme dans les Mille et Une Nuits. Ils sont maintenant si proches l'un de l'autre, les deux poètes, qu'à toute heure ils peuvent se rendre visite, s'abîmer dans d'immenses contemplations, élaborer ensemble les plans du palais d'idéal qu'ils vont ouvrir au monde, ou s'enfoncer sans mot dire, en se tenant par la main, dans les profondeurs de leur joie. Le jeune roi a trouvé son véritable père, son unique ami ; le Voyageur, sa patrie, son climat spirituel et son fils d'élection. Wagner se considère comme mort et contemple dans ce beau jeune homme son génie réincarné, qu'il peut voir et aimer en dehors de lui-même. Du même coup, l'amour leur rend à tous deux le goût de l'activité. Louis secoue sa timidité, va à Kissingen, y rencontre et y charme le Tzar, la Tzarine, l'empereur François-Joseph et l'impératrice Elisabeth, sa cousine. Celle-là même qui montrait avec Louis une terrible parenté d'âme. Mais aucun des deux ne se savait alors marqué pour la dure carrière de la solitude. Ils croyaient encore à la vie, à la bonté, aux doux enchantements du pouvoir. C'est bien plus tard seulement qu'Elisabeth d'Autriche prononcera ces lourdes paroles : « Le bonheur que les hommes demandent à la vérité est soumis à des lois tragiques. » Puis celles-ci : « Ma tristesse m'est plus précieuse que la vie entière. »

Wagner, de son côté, s'organise dans son existence recommencée et rassemble autour de lui ceux qui crurent de tout temps en son destin. Liszt accourt l'un des premiers, s'exalte, s'épanouit au contact de la gloire naissante de son ami. Cornélius, le compositeur, s'installe à Munich pour y travailler et servir le maître. Hans de Bülow, le fameux chef d'orchestre et pianiste, est engagé à son tour comme maître de chapelle et directeur du Conservatoire. Et déjà depuis huit jours est arrivée sa femme, Cosima, la fille de Liszt. En parlant d'elle, Wagner disait : « une jeune femme douée de façon inouïe, exceptionnelle ; la merveilleuse image de Liszt, mais supérieure intellectuellement à son père ». Or, depuis un an, l'aveu d'amour est sorti de leurs deux cœurs contractés. Quoi donc de plus naturel qu'elle aussi vienne chercher sa part des grands travaux qui vont marquer la renaissance artistique du monde ? Le pauvre Bülow est déjà malade, moralement déchiré. Cornélius se sent aspiré par un rythme autrement puissant que le sien. Mais qu'importent les faibles à ce Wotan obsédé. L'œuvre seule compte, le Walhalla à bâtir, l'avenir, ses prophéties. « Il faut que je sache qui m'aime et qui me renie », dit-il en comptant ses disciples. Et lorsqu'il est repris encore par le doute – lui que la vie a tant de fois trahi – il fait atteler sa voiture, galope jusqu'à Berg, et plonge son regard interrogateur dans les yeux bleus du roi. Là, tout est joie, certitude. « Il est insatiable de science, insatiable d'amour ... Certes, celui-là n'est pas de ce monde. »

Admirons comme ces êtres d'exception savent se reconnaître entre eux, se peser l'âme, et exiger l'un de l'autre tout ce qu'ils peuvent fournir. Je ne comprends pas qu'on fasse un crime à Wagner de son orgueil et de son égoisme.

Quel vain reproche que blâmer dans les hommes supé-
rieurs la conscience de leur force et la voracité du cœur.
Aimoter n'est pas leur affaire. Ni pincer de la guitare.
L'égoïsme est chez eux simple jeu de l'intelligence, et
l'orgueil une dignité. D'ailleurs, ces deux passionnés
d'eux-mêmes ne jettent-ils pas au monde des richesses
telles qu'auprès d'eux le Carnegie le plus méthodiquement
philanthropique ne sera jamais qu'un pauvre ? A leur
manière, Wagner et le roi sont des prodigues. Avant tout,
prodigues d'amour. Le musicien a maintenant trois pôles
où dériver l'électricité dont il est surchargé : son œuvre, le
cœur de Cosima et celui de Louis. Moins largement
partagé, le roi ne dispose que du cœur de l'ami. Il y
entasse avec frénésie ses espérances, sa sensibilité, ses
désirs. Et déjà l'on voit poindre dans son ciel tout un
monde de fantasmagories, ce douloureux monde imaginaire où ceux qui ne savent ni se délivrer par les créations
de l'art, ni se suffire de la vie, se réfugient dans d'épui-
santes jouissances.

Mais voici ce qui se passe dans l'ordre des faits
pratiques. La cassette royale est chargée de fournir une
pension annuelle au compositeur. Elle subvient de plus à
l'acquisition d'une maison destinée à son habitation,
l'hôtel Jochum, dans la Briennerstrasse. Le roi achète
moyennant trente mille florins *l'Anneau des Nibelungen*.
Il décide en outre la construction d'un théâtre modèle,
réservé uniquement aux opéras wagnériens. On fait venir
de Zurich l'architecte Semper, qui en a déjà tracé le plan.
Et le soir, autour de la table royale, ce groupe d'artistes en
discute l'emplacement, la scène, la machinerie, la décora-
tion. Wagner est enfin à l'aise dans ce luxe imprévu pour
lequel, depuis l'enfance, il se sent désigné. Enfin le voici

dans son élément parmi les épures, les papiers transparents, les chiffres. Enfin le voici en possession du salon, des meubles, de l'acajou, des étoffes, des porcelaines sur lesquels il a toujours rêvé de reposer les yeux et de passer la main. Il se fait faire des vêtements de soie et de velours, des bérets, une cape à col de fourrure. Il ressemble à quelque portrait d'Holbein, ou à une courtisane vénitienne un peu mûre, peinte par le Titien. Le jeune roi s'enchante de ces métamorphoses qui répondent en lui à un goût semblable pour la figuration.

Mais déjà, à ce prologue au règne des artistes, répond dans la coulisse un mauvais murmure. Le peuple n'a vu passer qu'une fois ou deux dans les rues de Munich son roi de féerie, et l'on entend partout chuchoter sur son compte d'étranges choses. Un compositeur douteux serait devenu le conseiller royal et, de fait, ministre-président. Le vieux roi Louis Ier avait offert son sceptre naguère comme cravache à une danseuse ; serait-il vrai que son petit-fils le passerait maintenant en guise de bâton à un chef d'orchestre ? On dit que les princes de la maison royale, les nobles, le clergé, commencent de s'indigner ; qu'un théâtre gigantesque va être bâti ; que la ville des peintres deviendra bientôt la ville de la musique ; que la liste civile du roi grossit, que les dépenses vont augmenter, les impôts s'enfler en conséquence. Et naturellement, ce Wagner de malheur est chargé de sourdes imprécations.

Pourtant, le roi tient bravement tête à ce premier orage. Pour l'ami, il saura se montrer inflexible. « Votre pensée, lui écrit-il, me rend plus léger le fardeau de mon état ; tant que vous vivez, l'existence est aussi pour moi belle et enrichissante. Oh ! mon bien-aimé, mon Wotan ne doit pas mourir ... » Il approuve les engagements d'acteurs appelés spécialement pour jouer *le Vaisseau fantôme*, en manière de préparation à la Tétralogie. Dans sa solitude d'été, à Hohenschwangau, il lit Shakespeare et Gœthe, s'imprègne du « grand sérieux » de l'art, et envoie à Wagner sa photographie « parce que je suis convaincu qu'entre tous les hommes qui me connaissent c'est vous qui m'aimez le mieux. Puissiez-vous toujours vous souvenir, en la regardant, que je vous suis attaché par un amour qui durera éternellement, oui, avec un feu et une force qu'aucun amour humain ne saurait surpasser ».

Dans le regard du prince erre une seule ombre : une jalousie inconsciente envers cette trop jeune et trop dévouée Cosima de Bülow, qui s'insinue parfois entre lui et Richard. Or, entre son âme novice, altière, exigeante, et celle du mage grisonnant qu'il a choisi pour guide, il n'y a place pour personne.

Tristan

… Place pour personne. Pas plus pour une femme que pour un homme. Et pour un peuple ? Qu'est-ce que le peuple, son peuple ? Des milliers d'anonymes, tous différents, tous semblables, et qui forment un grand corps bavarois, un gros visage bavarois, une dure volonté bavaroise, un terrible amour bavarois. Comment y aurait-il place, entre son royal cœur et celui du bien-aimé artiste, de l'Homme par excellence, pour cette informe masse de bouches et de bras, qui vocifère des « Hoch ! » sur son passage, qui gesticule et effraye son âme bien plus qu'elle ne l'attire ? Tout roi a pourtant la charge d'aimer ce cancer héréditaire. Son père en est mort la victime. Son grand-père lui a sacrifié le plaisir de son âge mûr. Ses aïeux en furent rongés tout au long de l'histoire du royaume. Et lui, aujourd'hui, en 1864, comment le supportera-t-il ? Il regarde avec épouvante à travers les fenêtres du palais ces cellules innombrables qui forment son peuple, son pouvoir, sa maladie. Et son être entier s'élance vers l'Autre, le libérateur, le divin étranger. Alors il fuit à Hohenschwangau, s'installe devant son bureau et compose un poème en réponse à celui qu'il vient de recevoir :

A mon ami.

Dans la nuit noire, l'art était prisonnier.
Au ciel ne luisait aucune étoile
Et l'artiste avec le doute se débattait,
Quand le destin voulut que de toi jusqu'à moi
Vinssent nouvelles. Ah ! comme je les accueillis !
Évanouis, la nuit et ses phantasmes.
Sur toi l'amitié peut construire …

Et il continue, se délivre. Car cette fois, ce n'est plus un plat visage de courtisan qui l'écoute, mais un cœur égal et qu'il sait pouvoir atteindre par-dessus tous les autres, en dépit de tous les autres. En dépit de ? Donc, contre. Eh ! qu'importe ! « Tu es vraiment l'homme juste entre tous ceux que j'ai rencontrés. » C'est à Horatio que Hamlet s'adresse de la sorte. Et Louis pareillement s'adresse à Richard. Il n'est que de continuer à lire Shakespeare : « Dès que mon âme chérie fut maîtresse de son choix et sut distinguer entre les hommes, elle t'élut pour elle-même, te marqua de son sceau ; car, souffrant tout, tu as été celui qui ne souffre point, un homme qui accepte avec la même humilité les rebuffades et récompenses de la fortune. »

Humilité est ici le seul mot qui ne convienne pas. Remplaçons-le par fierté. Car, certes, poète et prince sont fiers tous deux d'être frappés, blessés ensemble. L'un par la foule, les journaux, en face. L'autre plus sournoisement, par la reine mère, les ministres ; on lui perce le cœur avec déférence. On raille le musicien, on le hait. Depuis 1848 et les émeutes de Dresde, Wagner est suspect à tous les gouvernements. M. von der Pfordten, le président du Conseil, excite contre lui les ministres, les militaires et le clergé. S'il ne tenait qu'à Son Excellence, cette satanée

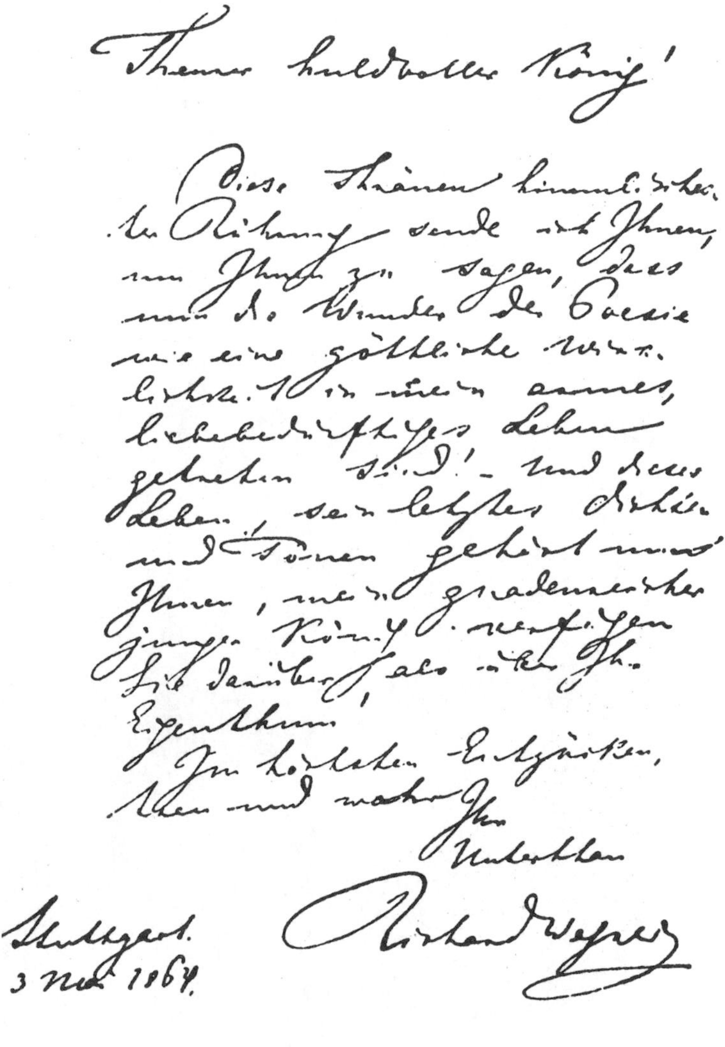
Theurer huldvoller König!

Diese Thränen himmlischester Rührung sende ich Ihnen, um Ihnen zu sagen, dass nun die Wunder der Poesie wie eine göttliche Wirklichkeit in mein armes, liebebedürftiges Leben getreten sind! – Und dieses Leben, sein letztes Dichten und Tönen gehört nun Ihnen, mein gnadenreicher junger König: verfügen Sie darüber, als über Ihr Eigenthum!

Im höchsten Entzücken, treu und wahr Ihr Unterthan

Richard Wagner

Stuttgart.
3 Mai 1864.

Première lettre de Wagner à Louis II.

Louis II arrivant à Hohenschwangau.

L'impératrice Elisabeth, par Winterhalter.

musique serait coffrée comme immorale. Même le conseiller aulique von Pfistermeister, l'ancien envoyé royal devenu à présent chef du cabinet privé, se rebiffe contre les dépenses projetées par son maître. Leur esthétique à tous, c'est : jamais d'innovations et place aux hommes en place ; paix aux deniers publics, et à la porte du royaume les poètes-prophètes, les chemineaux sans patrie.

Cependant Louis accroche dans son salon, à côté de ceux de ses ancêtres, le portrait de Wagner. Et celui-ci fait répéter *le Vaisseau fantôme*. La première représentation, plusieurs fois prorogée, a lieu le 4 décembre. Le service d'ordre est important à la porte du Théâtre, car la curiosité l'emporte sur la mauvaise humeur et les Munichois veulent rire, ce soir. Wagner en personne dirige. Le roi est dans sa loge. Les fidèles sont accourus : le duc Max en Bavière (à qui Louis avait naguère soustrait *L'Œuvre d'art de l'avenir*), le prince de Tour et Taxis, quelques dames, Bülow, Cornélius et un groupe d'artistes. Après le premier acte, surprise. Au second, grands applaudissements. Au troisième, enthousiasme. Le roi rayonne ; la première partie est donc gagnée. Il s'agit d'en profiter pour mettre tout de suite à l'étude l'œuvre qui fera taire toutes les critiques : *Tristan*. Car c'est ici le cœur même du fruit, l'amande la plus fine. Le roi ne peut douter que son amertume délicieuse ne convainque et n'enivre de tendresse ce peuple que les empoisonneurs publics fournissent d'insignifiants venins.

Wagner et Bülow se mettent ensemble au travail. On engage pour les rôles principaux les deux meilleurs chanteurs d'Allemagne : Schnorr von Carolsfeld et sa femme. Les décors sont confiés à des peintres illustres. Aidé par Cosima, le compositeur dessine les costumes, entre dans le

détail des accessoires, et prend sous sa direction person-
nelle les chœurs, les solistes et l'orchestre. Tout l'hiver,
puis tout le printemps y passent. Vingt et une répétitions
d'orchestre sont nécessaires pour parvenir à la perfection.

C'est qu'il ne s'agit pas d'une simple représentation
d'opéra, mais d'un renouvellement profond du style musical, d'une réforme complète du vocalisme, de l'école du
chant, de la déclamation, du jeu des acteurs, en somme
d'une refonte entière du drame lyrique enlisé dans la plus
conventionnelle platitude. Une telle soirée signifie autre
chose qu'une reprise de *Guillaume Tell*. C'est tout un
enseignement nouveau, un art insoupçonné. Et malgré le
faix qu'il a chargé sur ses épaules, et les projets de
construction, et la bataille folliculaire, ce géant courtaud
trouve encore moyen de rédiger pour le roi un rapport de
plus de cent pages sur la fondation d'une École de
Musique.

Pendant ce temps, on prépare doucement son assassi-
nat. Quelque temps avant la représentation, une plainte
longuement motivée est déposée soudain contre Wagner,
et il est très fort question de le mettre en prison pour
dettes. Un coup de maître. Ses adversaires exultent. Mais
aussitôt le roi intervient, paye la somme demandée, en
suppliant l'ami de pardonner à ceux qui « dans leur
méchanceté et pourriture » ne savent ce qu'ils font.

Enfin tout est prêt. Le roi est malade d'attendre. Il n'en
peut plus et ses nerfs sont bien plus éprouvés que ceux du
musicien. Une dernière fois avant le grand jour il prend la
plume et lui écrit : « Mon unique et mon tout ! Auteur de
ma félicité ! Journée de ravissement ! — Tristan. Combien
je me réjouis de cette soirée ! Qu'elle vienne donc bientôt !
Pourquoi le jour succède-t-il à la nuit ? Quand éteindra-
t-on les flambeaux ? Quand fera-t-il sombre ? Aujour-
d'hui, aujourd'hui, presque tangible ! — Pourquoi me

louer et me célébrer ? — Il accomplit cet acte, *Lui*, la merveille du monde ; que suis-je sans lui ? — Pourquoi, je vous en supplie, pourquoi ne trouvez-vous aucun repos, pourquoi toujours ces tourments ? Il n'y a pas de volupté sans peine, oh ! comment faire fleurir pour lui la paix, le repos sur cette terre et une éternelle joie ? Pourquoi toujours sombre devant la joie ? Qui en dira au monde la raison profonde et secrète ? Mon amour pour vous — oh ! qu'ai-je besoin de le redire — vous restera toujours ! — Fidèle jusqu'à la mort ! — Voici que je renais ; *Tristan* me remettra entièrement malgré la fatigue ! La douce brise de mai, à Berg, où j'irai bientôt, me rendra toutes mes forces ! — J'espère revoir bientôt mon Unique ! — Combien les plans de Semper me réjouissent. Espérons que les projets du bâtiment monumental ne se feront pas trop attendre ! Il faut que tout s'accomplisse ; je ne faiblirai pas ! Le rêve le plus hardi doit être réalisé ! — Né pour toi, élu par toi ! C'est là ma vocation ! Je salue vos amis, ils sont les miens ! Pourquoi vous assombrir ? Écrivez, je vous en prie. — Votre fidèle, L. »

Que dire d'un carquois à ce point bourré de flèches sinon que, parties du plus beau des princes, elles devaient atteindre en plein cœur le plus profond connaisseur de la douleur humaine. Il se hâte donc vers le château de Berg où Louis l'attend et l'emmène aussitôt dans la solitude du lac, sur son petit yacht à vapeur. Wagner observe que le nom en a été changé : le *Maximilien* est devenu le *Tristan*. Voilà l'une de ces menues anecdotes du sentiment où un garçon de vingt ans trahit ses bouleversements et jette sans le savoir de bien vives clartés sur lui-même.

Mais le rideau se lève enfin sur *Tristan et Isolde*, le 10 juin 1865, à six heures du soir. On voit dans leurs loges le vieux roi Louis, les princes Luitpold, Albert et Léopold, le duc Max. Le roi paraît dans la sienne, seul, vêtu d'un costume civil. La salle tout entière se lève à son entrée, le salue de « Hoch » retentissants soutenus par les cuivres, tandis qu'il s'incline, un peu raide, les yeux comme d'habitude perdus vers le lustre. Bülow monte immédiatement au pupitre et l'orchestre prélude.

Depuis plus de soixante ans maintenant cette minute est passée où Wagner, par l'étroite porte de l'ironie et de la haine, accédait au plateau de la célébrité. Tant d'imprécations ont été vomies contre lui par ceux qui n'ont jamais pu le comprendre, une telle somme d'enthousiasme dépensée par les autres, qu'un pareil débat est épuisé jusque dans son répertoire d'insultes et de louanges. Nos demi-jeunes d'aujourd'hui l'ont rejeté parmi les pompes et le bric-à-brac du Second Empire sans voir que leurs cadets, les tout jeunes, s'en exaltent de nouveau. La vérité est peut-être que mode et sensibilité s'étant portées ailleurs, il ne subsiste de l'œuvre wagnérienne que son résidu éternel. Et toute âme qui a cultivé la passion en a sûrement éprouvé la transportante énergie. Mais il a fallu plus d'un demi-siècle pour installer de façon durable dans le cœur des hommes cette réserve d'enthousiasmes. Elle ne s'y est pas acclimatée du premier coup. Et en particulier la musique de *Tristan*. Cet orage désespéré ne désaltère en vérité, ce 10 juin 1865, que l'âme royale de Louis, toute craquelée de sécheresse. Avidement, elle boit cette averse que la foule essuie sans bonheur. Et si l'émotion du prince va augmentant d'acte en acte, les sifflets et les protestations se mêlent sans cesse aux applaudissements. Pourtant Wagner triomphe, et à la fin du drame il paraît sur la scène, en redingote et en pantalons blancs, entre ses interprètes.

Il marche sur une cime. Mais c'est une cime déserte.
Dix ans auparavant, durant sa grande crise amoureuse
pour Mathilde Wesendonk, il avait écrit : « Bien que de
ma vie je n'aie trouvé le véritable bonheur de l'amour, je
veux quand même élever un monument à ce plus beau des
rêves ... » C'est *Tristan*. Chargé d'amener à son roi la
blonde Yseult qu'il aime sans oser se l'avouer, le fidèle
vassal subit la vengeance de la déesse de l'amour, jalouse
de ses droits méconnus. « Un philtre, explique Wagner, a
été préparé selon l'usage par la prévoyance maternelle,
mais il est destiné à l'époux choisi pour des raisons politiques. La déesse invente une ingénieuse erreur, et fait
boire ce philtre par les jeunes gens qui s'enflamment l'un
pour l'autre et s'avouent qu'ils ne peuvent plus renoncer
désormais à s'appartenir. Et maintenant, langueur, désir,
charme et peine de l'amour n'ont plus de fin : monde,
puissance, renommée, grandeur, honneur, noblesse, fidélité, amitié, tout s'est envolé comme un rêve sans
consistance. Seule, une chose existe encore : langueur.
Langueur, désir inassouvi, se manifestant toujours.
Ardeur et passion. Une seule délivrance : la mort ; mourir,
disparaître, ne plus se réveiller. » Et ces dix années avaient
passé sans apporter ni la mort ni l'oubli. « Elle est et
demeure mon premier et mon seul amour », avait-il écrit
encore en 1863, cinq ans après leur rupture. « Mon amour
ne pourra jamais, fût-ce au moment le plus terrible, perdre
son parfum, même le plus léger atome de ce parfum ... »
Comment l'eût-il perdu, en vérité, puisqu'il était fixé dans
la métaphysique musicale de *Tristan* ? Et les dernières
paroles d'Isolde, « se dissiper dans les airs, parmi les flots
de la mer voluptueuse, dans la résonance des vagues
aériennes, dans le souffle universel du Tout, noyée, absorbée,
ô inconscience, suprême joie ... », n'expliquent-elles pas

ce passage du prologue de son poème où Wagner, interrogeant la mort, revient toujours à l'amour et s'écrie : « Est-ce le monde merveilleux et puissant d'où sortirent le lierre et la vigne étroitement enlacés sur la tombe de Tristan et d'Yseult ? » Car on la montre encore aujourd'hui, dans le cloître de Sainte-Marie, à Tintaïoel, en Cornouailles, cette tombe des amants sur laquelle ont poussé vigne et rosier, unis en une inextricable étreinte.

Mais non, le cœur de Wagner avait achevé de flamber. En cette soirée du 10 juin 1865, aucune larme ne pouvait plus rouler sur son visage de cendre. Pauvre roi ! Il est seul à pleurer de joie, seul à croire que l'amour peut ce miracle de changer en désirs actifs l'immense détente d'un vieil artiste repu de déceptions et qui voit enfin se lever sa gloire inutile. Trop tard.

Louis va cacher sa joie à Berg, à Hohenschwangau. Plus loin encore et plus haut : dans une cabane qu'il s'est fait construire en plein silence montagnard. Ah ! il faut que tout s'accomplisse, que chaque élan, chaque désir se dénoue. « Et quand nous ne serons plus ni l'un ni l'autre, notre œuvre luira pour la postérité comme un exemple, ravira d'enthousiasme les siècles, enflammera les cœurs pour l'art, l'art divin, éternellement vivant … »

Ne perdons pas de vue que Louis a vingt ans et que ces mots tout neufs, hier encore défendus, sont les clés qui ouvrent maintenant son royaume intérieur. Son vrai royaume, peuplé de son vrai peuple. Car qu'est-ce que le monde et les hommes ? L'inimitié, la bassesse des sentiments, la haine du beau, la laideur des visages. Mais ici, dans cette nature sans contrainte, il pense librement « à l'étoile qui luit sur sa vie, à l'Unique qu'il voudrait savoir heureux, auquel il voudrait procurer le repos et la sérénité. Mon Seigneur et mon Dieu, donne-lui la paix dont il a besoin, soustrais-le aux yeux profanes du vain monde, et délivre celui-ci, grâce à lui, des chimères qui le tiennent asservi ».

Louis ordonne une seconde, une troisième, une quatrième représentation de *Tristan*, dont il ne peut se lasser. Et après la quatrième, il rentre à Berg sur la locomotive de son train spécial, pour que l'air et la vitesse apaisent ses nerfs surexcités. Mais son appétit musical ne se calme pas. Il charge Wagner d'organiser le plus tôt possible une représentation « pot-pourri » de diverses scènes tirées de *l'Or du Rhin*, de *la Walkyrie*, de *Siegfried*, des *Maîtres chanteurs*. Et cette représentation a lieu en effet dès le 12 juillet, dans la célèbre salle rococo du Théâtre de la Résidence. Caché au fond de sa loge, le visage blanc du roi est la seule tache vivante dans la haute grotte sous-marine plaquée de vernis-martin où retombent en stalactites des girandoles de cristaux. Wagner dirige. Schnorr von Carolsfeld, le fameux ténor, chante, et sans qu'il s'en doute autrement que par une angoisse panique dont Wagner et Bülow sont pénétrés, il chante pour la dernière fois. Huit jours après, il s'écroule pour mourir en quelques heures d'une crise de rhumatisme aigu. « Encore le mauvais œil du maître », dit-on. Un sort tragique plane sur l'amitié qui unit le nain gigantesque accroché à son pupitre et le royal Narcisse penché vers toutes ces images de lui-même ; entre Albéric et Siegfried, entre Mime et Siegfried, entre l'artiste enfin et cet adolescent naïf et songeur, miné déjà par ses désirs de vieillard.

En novembre, Wagner rejoint le prince à Hohenschwangau tandis que M. de Pfistermeister quitte le château pour partir à la chasse. Car la guerre est maintenant ouverte entre eux, et aggravée depuis qu'une fois de plus le roi a fait régler les dernières dettes de l'artiste. Sur l'ordre du rusé conseiller, on a porté à Mme de Bülow quarante mille gulden en pièces d'argent, enfermés dans des sacs, afin que les bourgeois de la capitale pussent voir où déménageait le trésor royal.

Cependant Wagner se sait tout-puissant. Il amène un petit orchestre, et chaque soir, pour le roi seul, il conduit la musique de Beethoven, de Gluck, de Mozart, et même celle de Méhul. Ils se promènent tous deux par les routes de montagne dans une calèche ouverte, attelée de quatre chevaux avec un postillon. Baigné de certitude, Louis s'écrie : « Les hommes vont voir à présent le victorieux pouvoir de notre sainte union. Au travail ! » Le dernier jour de cette semaine passionnée, le roi accompagne le musicien à la gare. Et voici qu'à la nuit tombée, le petit lac alpestre s'allume de feux de Bengale et qu'au milieu de l'eau une nacelle en forme de cygne s'avance, dans laquelle se dresse en armure le chevalier Lohengrin.

Symbolique apparition ! Une fois de plus la preuve que les poètes inscrivent dans les annales de leur fantaisie les visions prophétiques de leur histoire. Je pensais tout à l'heure à Klingsor, enveloppant son Parsifal d'incantations voluptueuses pour l'attacher à sa destinée. Et je ne voyais pas Lohengrin, autrement plus proche cependant, puisqu'il navigue en personne devant ce roi plein d'angoisse. Or, Wagner a commenté sa fable, et je n'ai qu'à reprendre ses textes pour trouver la signification la plus tragique à cette minute singulière … « Sur la mer s'approchait un inconnu de la grâce la plus noble et de la vertu la plus pure, entraînant tout à sa suite et gagnant tous les cœurs par un irrésistible charme. *Il était le vœu accompli de l'homme chargé de désirs*, le bonheur qu'il se forgeait sur le miroir des mers dans ce pays qu'il ne pouvait atteindre. L'inconnu disparaissait, repartait sur la vague sitôt qu'on cherchait à connaître sa nature. »

Et ceci suffirait déjà pour éclairer à la fois le prince nostalgique et l'énigmatique questionneur que l'artiste demeure toujours devant le sort. Mais Wagner était un métaphysicien trop ardent pour s'en tenir à une si simple image. On trouve dans ses écrits une page plus explicite, et qui nous le livre mieux. « Lohengrin, dit-il, cherchait la femme qui *crût* en lui, qui ne demandât pas qui il était ni d'où il venait, mais qui l'aimât tel qu'il serait, *et parce qu'il était tel* ... Il cherchait la femme à laquelle il n'eût pas à se faire connaître, à se justifier, mais qui l'aimât sans condition ... Ce qu'il cherchait précisément, ce n'était pas l'admiration ni l'adoration, mais l'unique chose qui pût le libérer de sa solitude et apaiser son désir : *l'amour, être aimé, être compris par l'amour*. Avec son esprit élevé, avec sa conscience la plus sachante, il ne voulait ni devenir ni être autre chose qu'un homme complet, sentant avec ardeur et ressenti avec ardeur, donc *homme* avant tout, c'est-à-dire artiste absolu, mais non pas dieu ... »

Le château de Hohenschwangau.

Décor de *Tristan*, acte III, à Bayreuth, en 1866.

Brückner

München.

Königl. Hof- und National-Theater.

Samstag den 10. Juni 1865.
Außer Abonnement.
Zum ersten Male:

Tristan und Isolde

von

Richard Wagner.

Personen der Handlung:

Tristan	Herr Schnorr von Carolsfeld.
König Marke	Herr Zottmayer.
Isolde	Frau Schnorr von Carolsfeld.
Kurwenal	Herr Mitterwurzer.
Melot	Herr Heinrich.
Brangäne	Fräulein Deinet.
Ein Hirt	Herr Simons.
Ein Steuermann	Herr Hartmann.

Schiffsvolk. Ritter und Knappen. Isolde's Frauen.

Textbücher sind, das Stück zu 12 kr., an der Kasse zu haben.

Regie: Herr Sigl.

Neue Decorationen:
Im ersten Aufzuge: Zeltartiges Gemach auf dem Verdeck eines Seeschiffes, vom K. Hoftheatermaler Herrn Angelo Quaglio.
Im zweiten Aufzuge: Park vor Isolde's Gemach, vom K. Hoftheatermaler Herrn Angelo Quaglio.
Im dritten Aufzuge: Burg und Burghof, vom K. Hoftheatermaler Herrn Angelo Quaglio.

Neue Costüme
nach Angabe des K. Hoftheater-Costümiers Herrn Seitz.

Der erste Aufzug beginnt um sechs Uhr, der zweite nach halb acht Uhr, der dritte nach neun Uhr.

Preise der Plätze:

Eine Loge im I. und II. Rang	15 fl. — kr.		Eine Loge im IV. Rang	9 fl. — kr.	
Ein Vorderplatz	2 fl. 24 kr.		Ein Vorderplatz	1 fl. 24 kr.	
Ein Rückplatz	2 fl. — kr.		Ein Rückplatz	1 fl. 12 kr.	
Eine Loge im III. Rang	12 fl. — kr.		Ein Galerienoble-Sitz	2 fl. 24 kr.	
Ein Vorderplatz	2 fl. — kr.		Ein Parkettsitz	2 fl. — kr.	
Ein Rückplatz	1 fl. 36 kr.		Parterre	— fl. 48 kr.	
			Galerie	— fl. 24 kr.	

Heute sind alle bereits früher zur ersten Vorstellung von Tristan und Isolde gelösten Billets giltig.
Die Kasse wird um fünf Uhr geöffnet.

Programme de la création de *Tristan* à Munich,
le 10 juin 1865.

Voilà pourquoi Lohengrin est sorti de sa nuit à la recherche d'un cœur. Et Wagner derrière lui. Voilà pourquoi Elsa s'est portée à sa rencontre. Louis à son tour se croit assez robuste pour retenir le génie avant qu'il retourne à la solitude. Mais il ignore trop le monde pour savoir le vaincre. C'est par l'adresse qu'on y parvient, non par la grandeur d'âme. Le plus facile était fait, c'est d'aimer. Restait d'apprendre à régner, et de cela le roi n'avait aucune idée. M. de Pfistermeister allait le lui faire bien voir.

La grande presse, les journaux satiriques décochent coup sur coup et jour après jour contre Lolus – le masculin de Lola – des flèches savamment empoisonnées. D'abord amusé, puis surpris, le peuple commence d'entrevoir que le mal wagnérien pourrait bien être un mal politique. On dit que le musicien prétend toucher à la Constitution, préconise une réforme de l'armée d'après le système des milices helvétiques, attaque tout le vieil édifice royal et bourgeois de la Bavière conservatrice. Les critiques se font plus violentes. Elles visent un roi trop jeune, sans expérience, envoûté par les philtres d'amour du sorcier de la déliquescence. Wagner riposte par la plume d'amis plus violents qu'habiles. Les choses s'enveniment. Le roi est sommé d'intervenir. Le 6 décembre, les ministres se réunissent en conseil chez le président von der Pfordten et, soutenus par la reine mère, ils menacent d'offrir en bloc leur démission. « Sa Majesté doit choisir entre l'amour et le bonheur de son peuple ou l'amitié d'un homme méprisé par tout ce qu'il y a de bon et de sain dans le royaume. »

Alors, pour la première fois, ce garçon de vingt ans, qui porte depuis dix-huit mois la couronne, comprend qu'elle est menacée. Il lui reste de choisir entre elle et l'amour, entre la réalité et le rêve. Mais le rêve n'est-il pas précisément la seule réalité ? Où commence et où finit l'illusion ? « Mourir … dormir … rêver peut-être ! » songe Hamlet. « Qui donc supporterait les coups et les humiliations du présent, l'ingratitude de l'oppresseur, l'affront de l'homme hautain, les spasmes de l'amour méprisé, l'insolence des bureaux, quand on peut soi-même se donner quitus avec la pointe d'un poignard nu ? » Et il conclut par cette réflexion si pertinente : « La conscience fait de nous tous des lâches. » Louis aussi se sent perdu puisqu'il n'a ni la force de mourir, ni celle de renoncer. Il prend sa plume :

« Mon cher, mon bien-aimé ami. Les mots ne peindront pas ma douleur … »

Qu'importe le reste, l'explication, la justification ? Wagner a compris dès la première ligne : on l'abandonne. N'est-il pas depuis toujours un Lohengrin sans patrie dans le cœur des hommes ? Mais qu'au moins ils ne lui volent pas ses talismans, les aiguillons de son art. Ils ne reprendront rien de ce luxe si patiemment attendu et dont il a fait la joie de ses yeux et de ses mains. Qu'on arrache ces soieries ! Qu'on emballe les tableaux, les laques, les porcelaines ! Qu'on refasse le désert entre ces murs où a vécu dans l'amour l'esprit de la tragédie !

Le 10 décembre 1865, à l'aube, il part seul avec son vieux chien mourant, pour son dernier exil.

« Fadaises d'État »

Quittons un moment ces violons tellement tendus qu'une note un peu plus soutenue en ferait éclater l'âme, et regardons se pencher sur la carte d'Allemagne la tête puissante et le front calme du gendarme de l'ordre prussien : Bismarck. Il y a quelques années seulement que ce gentilhomme campagnard mène d'une poigne velue les affaires de son roi. On le connaît peu. Un homme cassant, dit-on, sarcastique, sans doute très ambitieux, vulgaire à la manière des forts, et d'un franc-parler qui frise toujours l'impertinence. On cite de lui cette boutade : « Si je n'étais chrétien, je ne servirais pas une heure de plus mon maître. Mais une ferme croyance en la vie future fait de moi un royaliste. Car si la royauté n'était pas de droit divin, pourquoi me subordonnerais-je à ces Hohenzollern ? C'est une famille souabe qui n'est rien de plus que la mienne. » Il est venu en Bavière une fois, avec le roi Guillaume qui dînait chez son cousin Max. S'étant trouvé placé à table à côté du jeune Louis, il a observé que celui-ci ne répondait à ses questions qu'après avoir vidé coup sur coup quelques verres de champagne. Timidité. M. de Bismarck se fait une voix toute douce, interroge, pèse les réponses. « Clair en affaires », juge-t-il. Il n'a pas déplu au prince. Éclipse.

Il rentre en scène avec la vilaine histoire du Schleswig-Holstein. On cite un nouveau mot du ministre prussien : « Les grandes questions de notre époque, aurait-il dit, ne seront pas réglées par le vote des majorités, mais par le fer et le sang. » Son de cloche inquiétant pour qui, comme Louis, a horreur du militaire. Il a même horreur des Prussiens, en bon Allemand du Sud et en adepte de la « Triade », cette alliance des trois grands états méridionaux : Bavière, Saxe et Württemberg, qui devait balancer les forces grondantes du Nord. Mais Bismarck chauffe les événements. Il lui faut, à toute force, empêcher l'hégémonie du Sud et en repousser les Habsbourg. Une politique de ménagement réussit quelque temps ; messieurs les ministres bavarois en profitent pour échanger des vues entre eux et avec leurs voisins, sans parvenir à se mettre d'accord.

Louis se montre clairvoyant durant cette crise. « Pour ne pas créer de l'irréparable vis-à-vis de la Prusse, explique M. Jacques Bainville, Louis ne désirait pas que la Bavière s'engageât à fond. Pfordten ne le désirait pas davantage, pour ménager l'avenir de la Bavière : son calcul était de laisser Habsbourg et Hohenzollern s'affaiblir réciproquement dans la lutte, en sorte que le Wittelsbach pût arriver en tiers larron et se tailler une large part d'influence au-dessous du Mein, peut-être s'attribuer la présidence d'une Confédération du Sud. » Mais si l'on savait qu'il ne fallait point compter sur l'aide de la France en ces conjonctures, on n'avait pas assez compté d'autre part sur le génie de Bismarck. Or, depuis longtemps celui-ci a tout prévu et préparé.

Cependant, le 22 mai 1866, jour de naissance de Wagner, Louis ordonne qu'on représente *Lohengrin*, car secrètement il espère la venue de l'ami. Déception : Wagner ne paraît pas. Alors, pris d'une subite fringale du cœur, il décide d'aller à lui. Le 23 au matin, après avoir entendu le rapport des ministres, il monte à cheval comme pour sa promenade ordinaire, et, suivi du piqueur Völk, s'élance vers la gare où il grimpe dans le train de Lindau. Sur le bateau à vapeur du lac de Constance, des passagers croient le reconnaître enveloppé dans son grand manteau romantique, et ils interrogent le laquais. Mais non, il s'agit du comte de Berg.

Les voyageurs mystérieux arrivent sans encombre à Triebschen, sur le lac de Lucerne, où Wagner a loué une villa. Grande félicité. Le compositeur joue au piano ses dernières œuvres. Louis de nouveau respire, s'épanouit. Qu'est-ce que les tracas de la vie quotidienne auprès de l'art, la politique auprès de l'amour, la guerre en regard de l'architecture ? Et ils se plongent tous deux dans l'examen des plans de Semper pour le Théâtre de l'Avenir.

Pourtant le roi est moins oublieux de ses devoirs qu'il n'y paraît. Le 27 mai, de retour dans sa capitale, il prononce devant les Chambres un discours où il est pour la première fois question de la « grande patrie allemande ». Mot dont il lui sera tenu compte plus tard. Voici toutefois un fait d'une autre importance pour sa vie intérieure et qu'il faut signaler ici. Le peuple, ce fameux peuple dont il n'a jamais su clairement s'il l'aime ou le méprise, lui réserve un accueil glacial. On a appris sa fugue à Lucerne. On se demande si l'envoûtement persiste et si pareil amateur de musique est bien capable de manœuvrer la barre quand se lève la tempête. Sur son passage, des murmures, quelques sifflets … Offensé en un

point de sa conscience royale extrêmement sensible, Louis
envoie en disgrâce le préfet de police et se retire dans l'île
des Roses.

Avec Hohenschwangau, le burg aux légendes chevale-
resques, l'île des Roses, dans le lac de Starnberg, est la
cachette préférée de ce roi toujours en mal d'oubli et de
pénitence. Serrés sur cette feuille de nénuphar, quinze
mille rosiers sont chargés d'élever autour de la solitude
royale une défense de parfums. Et au cœur du bouquet,
une petite villa à l'italienne fait face à Possenhofen, le
château des ducs en Bavière. Parfois, Louis hisse sa
bannière comme un signal auquel en répond un autre.
Alors un bateau se détache de la côte opposée et l'une des
très rares visiteuses admises dans le nid du cygne
en débarque quelques moments plus tard : sa cousine
Elisabeth, la jeune impératrice d'Autriche.

Quel dommage qu'un secrétaire comme Elisabeth en
devait trouver un plus tard n'ait pu noter les entretiens de
ces deux compagnons. Mais peut-être, après tout, nous
décevrait-il en fournissant à notre fantaisie des thèmes
trop précis. Mieux vaut ne rien savoir, sinon qu'ils se
comprenaient par cette entente profonde et silencieuse des
êtres issus d'une même souche et d'un même paysage,
porteurs de maladies semblables, fiers de leur sang fatigué,
et pleins de délicatesses spirituelles. On assure seulement
qu'Arioste était un des thèmes de leurs méditations. Et
l'on sait encore que dans leurs lettres, cette femme si
impériale par l'intelligence se surnommait « la
Colombe », et le roi des incertitudes : « l'aigle ». Les enve-
loppes de leurs missives portaient : « La colombe à
l'aigle », « L'aigle à la colombe ». Mais suivons ici la
recommandation de Barrès et maintenons autour de ces
solitaires les bandelettes du silence. Il est à souhaiter que

personne ne nous vienne jamais dévoiler leurs confidences. Appliquons-leur le mot de l'impératrice, que j'ai cité plus haut : « Ils n'ont vécu que pour leurs rêves et la tristesse leur a été plus chère que la vie entière. »

Le 16 juin 1866, le prince de Hohenlohe, conseiller du royaume, notait dans son journal : « Personne ne voit le roi. Il demeure avec le prince de Tour et Taxis et son piqueur Völk dans l'île des Roses, où ils tirent des feux d'artifice. » Six jours plus tard, les Prussiens entament les hostilités. En quelques semaines ils battent les Bavarois à Dernbach et à Kissingen, puis envahissent la Franconie. Un mois après ils sont partout vainqueurs. Fin juillet, tout est consommé, et le 22 août, Bismarck offre la paix moyennant la cession de trois cantons franconiens et une indemnité de trente millions. Ses exigences paraissent raisonnables et la Bavière y souscrit sans trop de peine. Seul, Louis est ulcéré et il refuse de recevoir sa mère, parce qu'elle est princesse de Prusse. Le cabinet est renversé. Hohenlohe succède à von der Pfordten et le roi profite de la circonstance pour remplacer Pfistermeister, auquel il ne pardonne pas le départ de Wagner, par M. de Neumayr, un homme fin, avisé, propriétaire foncier et lui aussi grand amateur de roses.

Toutefois, quelle blessure à l'orgueil royal, malgré cette foudroyante revanche sur les ministres ! Sa majesté sainte est ternie, diminuée, devant ce peuple sans vertus guerrières. Louis s'enfuit à Berg et s'y terre, ne veut recevoir personne, monte à cheval avec ses laquais et promène dans les forêts un ennui sans éclaircies. Une pensée le saisit pour la première fois avec force : abdiquer. Tout de suite il s'en décharge sur le seul confident de ses secrets : Wagner. Mais Wagner – qui compose à Triebschen ses *Maîtres chanteurs* – ne veut rien entendre. Bien pis, cette fois il gronde, il morigène, il démontre que le salut est dans l'action et dans ce verbe terrible : régner. Lui que rien ne peut abattre ne compose-t-il pas dans l'exil et la malédiction publique le plus optimiste, le plus gai de ses poèmes musicaux, celui dont Bülow disait que, dût la langue et même la musique allemande disparaître, les *Maîtres* demeureraient encore comme le suprême monument de l'esprit germanique ! Alors Louis subitement se ravise. Certes, il faut régner, s'exhiber, faire taire les calomnies et surprendre le peuple par sa volonté ranimée. L'ami si cher a raison. Le 10 novembre, il entreprend un voyage de grand éclat avec une suite nombreuse dans les campagnes de Franconie où la guerre a sévi. Et par une rencontre singulière, c'est à Bayreuth qu'il débute, ville dès lors marquée, semble-t-il, pour son futur destin. Puis il se rend à Bamberg, à Wurtzbourg, à Aschaffenbourg, à Nuremberg, visite les champs de bataille autour de Kissingen sous un orage d'arrière-automne, reçoit les députations, les jeunes filles porteuses de bouquets, et danse, le soir, des *françaises* et des *polonaises*. Il passe même des revues de troupes et écrit à Triebschen qu'il a senti battre cette fois le cœur de son peuple à l'unisson du sien.

Il y a plus de vérité même qu'il ne le croit dans cette parole, car l'étrange fascination que Louis II exerce, elle lui revient en vagues d'enthousiasme, d'amoureux sacrifice. Le rabbin de Furth, auquel il dit des mots si chargés de respect, le savant qu'il interroge, les soldats qu'il décore, tous ont senti passer sur eux une flamme : vaincus, humiliés par la défaite encore toute fraîche, ce jeune dieu inconnu leur a rendu la fierté. Le roi revient dans sa capitale en libérateur.

Mais ce grand virtuose du sentiment n'a aucun don pour le solfège politique. S'il devine toutes les musiques du cœur, fussent-ils cœurs de ministres, leurs théories lui demeurent suspectes : ambition, libéralisme, prussianisme, sourde hostilité envers la sainteté de la couronne, voilà tout. Et quant au reste : « fadaises d'État ». C'est son mot.

Chapitre 6
La tourterelle

Le 21 janvier 1867, au soir, tout Munich est dans les rues et sur la place Royale pour voir entrer les invités à la Résidence. Car il y a bal de cour. Une police bienveillante maintient les curieux ; non point qu'on craigne les attentats, mais pour écarter du palais ces folles, ces amoureuses, qui réussissent toujours à se glisser par un couloir afin de parvenir jusqu'au roi. De jour et de nuit on en trouve cachées partout. Il y en a même qui apportent des fleurs, des cadeaux. On devrait pourtant savoir que Sa Majesté redoute essentiellement cette sorte de visites.

Voici les chambellans, les ministres, les dames d'honneur de la reine mère, les princes, le duc Maximilien en Bavière, beau-frère du vieux roi Louis et grand favori du peuple, suivi de sa famille. L'aînée de ses filles a épousé le richissime prince de Tour et Taxis (de la branche aînée) ; la seconde est impératrice d'Autriche ; la troisième, reine des Deux-Siciles. Grands mariages savamment combinés par la duchesse Ludovica, leur mère. Et cela flatte la foule, ces reines sorties comme des divinités entre les pierres de leurs temples. Il ne reste qu'une Cendrillon au foyer, la princesse Sophie, mais qui par sa beauté gracieuse pourrait bien être la reine du bal, ce soir. Ainsi pense le peuple. Ainsi pense le roi, dirait-on, tout empressé auprès de sa jolie cousine. Il est vrai qu'ils sont amis depuis déjà quelque temps. Depuis surtout que Sophie a proclamé l'admiration qu'elle voue à la musique wagnérienne. Mais précisément cet accord qui devrait les lier semble tourner ces derniers jours, chez le roi, en une ombrageuse angoisse. On croirait que l'enthousiasme de la jeune fille suscite dans son cœur non de la défiance, non de la jalousie, mais un découragement total, une lassitude de vivre. Deux jours avant ce bal, n'a-t-il pas fait porter à Sophie une lettre énigmatique sur laquelle elle se penche sans comprendre. « Il m'est pénible de t'envoyer ces lignes, mais je le tiens pour mon devoir, et précisément maintenant … Ah ! n'aie pas de rancune dans ton cœur envers moi, chère Sophie, écoute ma prière et conserve-moi une bonne pensée. Ne me retire pas ton amitié : elle me fait tant de bien. Tu connais la nature de mon destin ; je t'ai écrit naguère de Berg au sujet de ma mission en ce monde. Tu sais que je n'ai plus beaucoup d'années à vivre, que je quitterai cette terre lorsque l'horrible s'accomplira, lorsque mon étoile ne luira plus, lorsqu'Il ne sera plus, l'ami fidèlement aimé. Oui, alors ma vie aussi s'éteindra, puisque je ne pourrai plus vivre … L'objet principal de nos relations a toujours été, tu en conviendras, l'étrange et pathétique destin de Richard Wagner. Ah ! ne te fâche pas, envoie-moi quelques lignes d'amitié qui me prouve-ront que tu me demeures bonne. Songes-y, ton ami n'a peut-être plus que peu d'années à vivre. La courte tranche d'existence qui lui reste doit-elle lui être rendue amère parce qu'un des rares êtres qui l'aient compris, à qui il

était cher, le hait désormais en silence ? Oh ! cela, je ne le
mérite pas, je puis bien le dire hautement. Adieu, ma
chère Sophie. Si tu l'exiges, je n'écrirai plus jamais. Sois
heureuse et souviens-toi de moi. » Et voici qu'à présent ce
singulier ami l'entoure d'attentions voyantes. Et du reste
aussitôt vues. Il danse avec elle, lui sourit, ne parle qu'à
elle seule. L'adieu qu'il proposait dans sa lettre est inexpli-
cable à la frêle sœur de la « colombe » autrichienne. Et
l'agitation du roi ne fait qu'augmenter. Lorsque le bal tire
à sa fin, il rentre dans ses appartements mais ne se couche
pas. Quel problème débattait-il ? Quelle victoire voulait-il
remporter sur lui-même ? Ne dirait-on pas que ce faible,
enfermé dans le dilemme de la crainte et du désir, espère
en sortir par un coup de force contre sa volonté ?

A six heures du matin il se fait annoncer chez sa mère,
et il la supplie de se rendre tout de suite chez le duc
Maximilien pour lui demander la main de sa fille. C'est
affaire conclue à sept heures. Aussitôt Louis va au palais
ducal, où la visite inattendue de la reine mère et ces fiançailles matinales ont mis tout le monde sens dessus dessous.
Dès neuf heures, l'événement est annoncé publiquement.
C'est une hâte comme on n'en a jamais observé chez ce
grand irrésolu. Il y a de la joie pourtant dans sa fièvre, une
volupté bizarre dans cette noyade. Ne plus regarder en
arrière mais se ruer vers l'avenir, saisir à la gorge son sort,
étouffer les regimbements de l'instinct. Oh ! que l'ami
n'est-il là pour le soutenir dans ce bonheur épouvantable.

Elle est belle, cependant, cette tourterelle, sœur de sa
chère colombe. Elle lui plaît. Elle le comprend. Peut-être
même pourra-t-elle comprendre sa douleur, un jour. Peut-
être … Il l'emmène, se promène à son bras. Il est fier d'être
si vite devenu crâne. Le carrosse des noces sera tel qu'on

n'en aura jamais rêvé, sculpté dans l'or, laqué de cathé-
drales, mitré de Renommées, embouché de trompettes, et
il coûtera un million de gulden. Du reste, la beauté des
choses rachète l'angoisse de certaines pensées. Et d'abord
il changera ce nom de Sophie contre celui d'Elsa, puisque
dorénavant Lohengrin, le fiancé de l'impossible, c'est lui.
Il convient aussi que les appartements de la future reine
soient entièrement retapissés aux armes et devises du
chevalier du Graal. Ordre est donné. Il surveille les
ouvriers ; son œil s'anime. On fera du neuf partout, on
changera toutes choses pour que toutes choses soient
belles, et fraîches, brodées dans la musique. On essaiera
aussi la couronne sur la tête d'Elsa, pour s'assurer qu'elle
est bien à sa mesure. Louis la fait sortir du trésor, un jour,
et il la place lui-même sur les tresses blondes. Il rit. Elle
pleure lorsqu'il est reparti. « Ne voyez-vous donc pas,
dit-elle, que le roi ne m'aime nullement ? Il joue seulement
avec moi. »

Le 17 février, il lui écrit : « De toutes les femmes
vivantes, tu m'es la plus aimée ... » Mais, « le dieu de ma
vie, comme tu le sais, est Richard Wagner ». Comme
toujours, le théâtre est le vrai consolateur. Parfois Louis
y emmène sa fiancée ; parfois il y va seul. Un soir qu'il y a
bal chez Hohenlohe, il s'approche furtivement d'un de ses
ministres pour lui demander l'heure. S'il partait maintenant pour le spectacle, arriverait-il encore avant la fin ?
Quelle question à poser à une Excellence invitée par son
chef ! L'homme rougit, regarde sa montre à la dérobée ...
Mais déjà le roi a tourné les talons et il est sorti de la
maison sans penser à prendre congé, même de Sophie.

On fixe le mariage au 25 août, son anniversaire de naissance. « L'essentiel, écrit-il de nouveau à Elsa, c'est de
nous aimer sincèrement, profondément. » Écrire cela,

l'écrire souvent, fortement, finira sans doute par le convaincre. Mais pas encore tout à fait. Un peu de confiance lui manque. Un tout petit peu. C'est l'affaire de quelques jours. Et puisque voici l'été, un été tout constellé de nuits, de châteaux, de promenades, remettons les noces à l'automne. On fixe une nouvelle date : le 12 octobre. Grand soulagement. Louis est à Berg, à Hohenschwangau, à l'île des Roses. Il fait de temps à autre une visite à Possenhofen, où les visages de plus en plus s'allongent. Alors, pour éviter ces muets reproches, il ne se montre pas de quelques semaines.

Drame de surface. Drame mondain. Il y en a un autre, et c'est celui-là qui le ronge. Wagner est venu à Munich au mois de mars. Mais après cette longue année d'absence, ni l'artiste ni le roi ne se retrouvent absolument les mêmes. D'abord, il reste chez Louis un peu de honte d'avoir été lâche. Puis, maintenant qu'il est fiancé, il se sent mal à l'aise vis-à-vis de l'Unique. Il y a pis : on lui a rapporté que cette Cosima, dont son cœur le tenait d'instinct éloigné, est partie rejoindre Wagner à Triebschen, qu'une liaison déjà ancienne existe entre eux. « Je ne peux ni ne veux croire, s'écrie-t-il, que les liens entre Wagner et Mme de Bülow dépassent les bornes de l'amitié. Cela serait épouvantable. » Épouvantable : sans doute le mot n'est pas trop fort puisque lui, le roi, s'est porté garant publiquement de la fidélité de cette femme contre les insinuations perfides des journaux. Mais plus épouvantable encore pour son âme, pour ses pensées, le retour sur cette longue route d'amour où il a été partout trahi. Que lui reste-t-il donc si on lui prend à présent la seule foi, le seul enthousiasme de sa jeunesse ?

Il reste l'œuvre. Dernier refuge d'idéal. L'œuvre où l'aimé a donné ce qu'il ne peut plus reprendre et que personne au monde n'en saurait plus ôter. Que l'œuvre au moins devienne. Louis n'hésite pas à réunir chez lui Wagner et Bülow afin de décider avec eux qu'on donnera en première représentation *les Maîtres chanteurs*. Tels ces trois hommes, l'un de vingt-deux, le second de trente-sept et le troisième de cinquante-quatre ans, divisés par tout ce que les âmes peuvent fournir de douleurs, d'amertumes et de lassitudes, s'unissent pour que naisse de leur sacrifice un durable témoignage. L'œuvre seule doit désormais compter. En ces quelques semaines d'expériences violentes, c'est le plus jeune des trois qui fait le plus surprenant parcours. Par un effort intellectuel dont il y a peu d'exemples, il donne la preuve du changement survenu en lui. La vie ne sera plus pour lui maintenant qu'une vague et lointaine coulisse où se costumeront et se grimeront les personnages que sa fantaisie va tirer de leur néant. Le réel est à jamais transporté dans l'imaginaire.

A la demande du roi, Wagner se réinstalle durant quelques semaines sur le lac de Starnberg. Louis l'y visite à peine. Il n'y vient qu'une seule nuit, par un violent orage. On appelle de Dresde le vieux ténor Tichatschek, qui a créé *Tannhäuser* il y a quelque vingt ans, et dont la voix encore splendide bouleverse le compositeur aux répétitions. A la « générale », Louis fait vider la salle pour être seul et ne pas voir autour de lui ces visages imbéciles. Tichatschek paraît. Mais dans sa loge, le roi se fâche. Quoi, Tannhäuser ne serait rien d'autre que ce vieillard affaibli ? Qu'on convoque un jeune chanteur et qu'il revête le manteau bleu prescrit par le livret ! C'est au tour de Wagner de s'indigner d'un tel caprice. Il menace de tout quitter. « Eh bien, partez ! » Il part.

Quel singulier renversement des rôles ! Ces quelques semaines d'amour blessé et de fiançailles pénibles ont fait

du craintif disciple un amateur irascible, un critique impatient. Bien entendu, une fois la première colère passée, des
dépêches rappellent le maître offensé. Il revient. Il assiste,
le 21 juin, au triomphe des *Maîtres chanteurs*. Mais par
précaution contre des offensives possibles, il repart deux
jours après. On le rappelle encore. Cette fois il ne revient
pas. Il se borne à envoyer des articles pour le nouveau
journal progressiste soutenu par les deniers de son royal
ami, la *Presse de l'Allemagne du Sud*, où il expose son
éthique, fondée sur « l'adolescent allemand », vainqueur
des civilisations périmées.

Et derechef le roi s'enflamme à ces lectures exaltantes
par lesquelles il pénètre plus avant dans le monde des
idées. Il y peut suivre, sous la plume verbeuse et rapide de
Wagner, toute l'histoire de la culture européenne, depuis
la sagesse antique jusqu'aux « convenances » françaises,
pour aboutir à ce grand bouillonnement idéologique qui
caractérise l'art de l'avenir, lequel sera l'art allemand.
« Cherche, Allemand, la force romaine et la beauté
grecque. Tu les trouveras toutes deux ; mais jamais ne te
réussira le saut gaulois. » C'est ainsi que Schiller apostro-
phait le génie de sa nation. Tout pareillement, Wagner. Et
si parfois son manque de goût l'emporte au-delà de l'équi-
table dans ses jugements sur Racine ou Shakespeare, il
faut reconnaître avec quelle adresse il invoque la libre
intelligence d'un Benjamin Constant. « Les Français, dit
celui-ci, même dans celles de leurs tragédies qui sont
fondées sur la tradition ou sur l'histoire, ne peignent
qu'un fait ou une passion. Les Allemands, dans les leurs,
peignent une vie entière, un caractère entier. » Et courant
à la conclusion de ce long développement, Louis y
retrouve les idées chères à son éducateur : le principe de la
transformation du théâtre allemand dans le sens de

l'esprit allemand ; le poète uni au mime ; les rapports de l'homme d'exception, esthétiquement cultivé, avec le public ; ceux du roi avec le peuple. « C'est pourquoi, lorsqu'il s'agit de donner une impulsion à une action commune, c'est du roi qu'elle doit émaner. »

Ah ! certes, voilà d'autres vérités, d'autres besoins que les « fadaises » de la politique ! Aussi Louis se jette-t-il sur son papier pour écrire au prophète : « Oui, mon aimé, je vous le jure : autant que mes forces me le permettront, je contribuerai à réparer les fautes impardonnables commises par les princes allemands. » Pourtant, en plein renouveau d'enthousiasme, voici que derechef il se ravise, interrompt ses écritures passionnées. C'est qu'il apprend dans ses détails les plus domestiques la vérité complète sur la liaison de Wagner avec Mme de Bülow. Aucun doute n'est plus possible. Et sa douleur ravivée le soulève de jalousie, puis le rabat, brisé.

Au milieu de tout cela, son proche mariage. Le reculer une fois encore, voilà l'idée fixe. En attendant, pour calmer les appréhensions de ce peuple qui prétend lui dicter sa volonté, Louis fait promener à travers les rues de sa capitale la pièce d'orfèvrerie traînée par huit chevaux qu'est le carrosse nuptial. Et pendant que la foule s'extasie, il se décide à un brusque dépaysement : son premier voyage en France.

L'exposition est un prétexte commode. Il débarque à Paris fin juillet 1867, sous l'incognito sans mystère du comte de Berg. Son grand-père y séjourne aussi, précisément, vieil amateur de statues, en marbre et en chair. Mais Louis n'est préoccupé que de châteaux. Napoléon III le reçoit et l'emmène à Pierrefonds, le fait déjeuner à Compiègne où il se sent « tout enveloppé de l'esprit de

Jeanne d'Arc ». Ses plus fortes impressions, toutefois, c'est devant le Louvre et les Tuileries qu'il les ressent.

Si tant de choses peuvent nous séduire dans ce grand garçon d'Allemagne, celle à quoi assurément on est le moins sensible, c'est la fureur d'imitation que va déchaîner dans son sang de Wittelsbach la vue de nos vénustes architectures. Non qu'il faille blâmer ses admirations, mais vraiment il a mieux à faire qu'à importer dans sa Bavière ces magnificences tempérées qui ne ratent jamais leur effet sur les personnes sans imagination. Dieu sait pourtant qu'il n'en manque pas, ce metteur en scène surromantique. Mais reprendre pour son usage personnel ces modèles déjà utilisés en grande série, c'est vraiment un peu facile, et l'on souhaiterait plutôt je ne sais quelle faute de goût chez l'élève de Wagner. Tout comme Louis l'aîné eut la folie du temple grec, Louis le cadet va contracter la maladie des palais bourboniens. Sans doute y a-t-il quelque chose de touchant à voir ce fameux « adolescent germain », dont parlait son maître, tout empli d'une extase naïve devant leur calme ordonnance. Mais l'on s'étonne quand même de constater que tant d'élans rares, de brumes, d'anomalies, d'hérédités violentes, de dissonances, vont aller se fondre dans le contrepoint si sagement équilibré de MM. Mansard et Gabriel. On lui souhaiterait plus de fidélité à soi-même, au lieu que le voici tout de suite conquis et prêt, comme le premier Américain venu, à tirer sa révérence devant Louis XIV. Wagner l'eût sans doute bien grondé, lui qui dans ses récents articles voulait qu'on ne fût plus ni singe ni ours. Pas singe, surtout ! Mais comment savoir à quelles nécessités d'expression, à quels épanouissements esthétiques, à quel sens de la hiérarchie jusque dans les styles de l'architecture correspond l'emballement de ce jeune Barbare civilisé ? Dès maintenant, l'incubation est commencée, et dans peu de mois se déclarera avec une particulière virulence cette maladie de la bâtisse dont sont atteints, une fois ou l'autre, tous les puissants du monde. Wagner a cessé de régner seul dans cette âme. A l'horizon monte le soleil du Roy.

Rentré dans ses états soûlé d'architecture française, Louis se retrouve en face du problème matrimonial. Or, il n'y a rien d'accablant comme le retour, après une absence heureuse, dans la vieille prison où nos rêves d'évasion sont restés collés à chaque objet. Plutôt les casser tous que subir leur ironie. Pour commencer, il s'agit donc de reculer une fois de plus la date du sacrifice. Le roi proroge son mariage jusqu'au 29 novembre, puis il s'enfuit dans ses châteaux. Il excursionne avec son aide de camp et ses cochers. Et de temps à autre, pour vaguement sauver les apparences, il fait atteler à minuit la calèche aux six chevaux blancs, traverse la forêt, arrive à Possenhofen, et pendant qu'on éclaire en hâte les lustres du salon, il dépose sur le coin du piano un bouquet de roses pour sa fiancée endormie. Puis repart aussitôt.

Cela ne peut plus durer longtemps. Le vieux duc demande qu'une décision soit prise. Louis n'a que la main à étendre pour saisir la plume ... Brusquement il s'y résout, écrit, et le 10 octobre les fiançailles sont officiellement rompues. Libéré de Sophie, libéré de Wagner, il ne sera désormais prisonnier que de lui-même.

« Moi, le roi »

Nous voici parvenus sur le seuil d'un monde nouveau. Derrière nous, un peuple, une capitale, une famille princière de l'ancienne Allemagne, un artiste, un théâtre et un jeune roi mélancolique. Devant nous, l'obscur, le confus, et même pis. Nous allons pénétrer maintenant dans un pays sans repères, dans le royaume d'une longue illusion. Les touristes s'amusent en y entrant de trouver toute une région encombrée des joujoux qu'y sema le royal rêveur. Nous tâcherons d'y voir autre chose qu'un coûteux divertissement. Car voici le temps où Hamlet de Bavière s'écrie comme son prédécesseur de Danemark :

« ... Il en va de moi si pesamment, que la terre, cette bonne charpente, me semble un stérile promontoire ; l'air, ce très excellent baldaquin, cette belle draperie de firmament, ce toit majestueux incrusté de feux d'or, eh bien, tout cela ne m'apparaît comme rien autre qu'une infecte et pestilentielle agrégation de vapeurs. Quel chef-d'œuvre que l'homme ! Combien noble en raison, infini en facultés ! en forme et mouvement combien exact et admirable ! en action, combien semblable à un ange ! en intelligence, combien semblable à un dieu ! la beauté du monde !

le parangon des animaux ! Et pourtant, qu'est-ce que cette quintessence de poussière pour moi ? L'homme ne fait pas mes délices, non ; ni la femme non plus ... »

Tout artiste porte en soi son univers. Sa tâche est de nous en fournir une interprétation. Hamlet, prince de Danemark, prétendit donner la sienne en accomplissant un acte que la volonté lui commandait, mais devant quoi l'intelligence dressait à chaque pas des empêchements nouveaux. L'œuvre qu'il s'assigna ne lui parut jamais ni assez belle, ni assez justifiée. Et il perdit sa course en faux départs. Hamlet, roi de Bavière, ne parvient pas davantage à faire ni de l'homme ni de la femme ses délices. Descendu en lui-même pour y chercher à son tour le spectre inspirateur, il ne trouve que des fantômes errant aux terrasses d'Elseneurs versaillais. Mais c'est en vain qu'il les somme de parler. Ils n'ont rien à lui dire. Et nous allons voir le pauvre Bavarois obligé de faire à lui seul les frais de la conversation.

Le Graswangtal, haute vallée déserte où son père avait fait construire un pavillon de chasse, sera donc le premier poème de sa Tétralogie. Une Tétralogie en pierre, éternelle comme l'autre, et qui exprimera les quatre pensées de son règne : le pouvoir, le rêve, la gloire, la solitude. Voilà un projet grandiose et de quoi illustrer son livre intérieur. Un accomplissement artistique égal à celui de Wagner ! Une légende aussi riche en symboles que celle du Nibelung. Un thème à rêveries de même valeur. Et comme il sent de plus en plus ses années comptées, il se met tout de suite à l'œuvre. On n'épargnera ni la peine, ni l'argent, puisque avant tout il s'agit d'aller vite.

Une commission d'étude est envoyée aussitôt à Versailles, au Petit Trianon, pour relever dans l'ensemble

et le détail les plans et le décor du château. Dès cette
même année 1868, les terrains de Linderhof, dans le Graswangtal, sont défrichés, piquetés, mis en chantier. Tout un
peuple de maçons et de charpentiers s'installe sur la place.
Louis vient en personne surveiller les travaux, comme un
propriétaire pressé. Et naturellement il ne s'en tient pas au
plan initial, il modifie la dimension des pièces, étend les
terrasses, agrandit les perspectives. Ne s'agit-il donc pas
du « pouvoir » ? M. l'architecte en chef von Dollmann fait
de son mieux afin que Linderhof soit digne d'une si haute
ambition. C'est un esprit souple et docile. Il a déjà copié
une église gothique ; il saura tout aussi bien imiter le
palais en marbre des rois de France. Et en effet, c'est bien
un nouveau Trianon qui sort des fougères de cette forêt
bavaroise, mais magnifiquement daté de 1868. Rien n'y
manque : le salon des Gobelins, le salon lilas, le boudoir
rose, la salle du Conseil, une immense chambre à coucher
en or, des pouponnières de chérubins sur les corniches, un
enlèvement d'Europe, un cabinet en lapis-lazuli. Et
partout, à profusion, l'ivoire, les marbres d'Afrique, des
cheminées bleues amenées de l'Oural, des meubles en bois
de rose incrusté, porcelaines de Saxe, écritoires et garni-
tures de table en malachite, tapis, plumes d'autruches. Les
murs sont recouverts de portraits en médaillons : tous les
personnages de la cour de Louis XV. Marie-Antoinette
règne sur le parc, en buste. Et tout en haut du toit, Atlas
élève dans ses bras le monde.

Linderhof, appelait-on ce gâteau des Rois bourré de
fèves un peu trop riches pour notre appétit. Mais Louis ne
travaille pas en vue des tournées Cook de l'avenir. Il
orchestre sa première symphonie. Il est tout à la joie de la
composition et sent sourdre de lui une telle abondance de
thèmes qu'il n'hésite pas à surcharger son texte. Ainsi, il

fait creuser la grotte du Vénusberg où, sur un lac intérieur, se balance la nacelle de Lohengrin. N'est-ce pas son premier vouloir, son initiale révélation ? Certes, il faut même qu'il y vienne armé en chevalier des contrées étranges. Et tandis que ses laquais allument des torches de couleur derrière les stalactites, le conte se vérifie : Lohengrin au casque d'argent s'avance debout dans sa barque en chantant à mi-voix un indistinct épithalame.

Linderhof, nom sans beauté aux oreilles du roi. Un jour il en inventa un autre : Meicost-Ettal. On se perdit en conjectures. Ettal s'expliquait, car c'était le nom d'un couvent voisin. Meicost restait indéchiffrable. Cependant le roi semblait ravi de sa découverte. Une fois il en fit confidence : les gens sont-ils donc si bêtes qu'ils ne puissent comprendre ce clair symbole ? Meicost-Ettal est un anagramme, et, crayon en main, il révèle aux aveugles un secret si bien caché : changez l'ordre des lettres et vous lirez *l'état c'est moi*. Meicost-Ettal, premier tableau de la grande féerie de l'esprit. Des esprits. Le seul vrai théâtre du monde, la cour, transporté dans l'hiver d'une vallée bavaroise. Le passé le plus somptueux de l'Occident est désormais en sa puissance.

Qu'on attelle donc son traîneau de gala. Il dépêche un courrier de Munich à Meicost-Ettal pour qu'on apprête un souper délicat ; il fait rafraîchir le champagne. Au diable une fois de plus les fadaises d'État ! Il envoie promener ses ministres. L'important est qu'on secoue les arbres du nouveau parc pour en faire tomber la neige. Le postillon en bicorne et en habit à la française précède les six chevaux harnachés de sonnailles. Au grand galop, l'équipage glisse sur les campagnes. Et Louis, penché derrière les vitres grossissantes de sa cage d'or, court à la rencontre de son Trianon hanté. Sa Majesté dîne ce soir avec le Roy-Soleil et Marie-Antoinette.

Laissons l'aide de camp et les domestiques s'inquiéter de voir leur maître souper en face de deux assiettes vides et lever sa coupe en l'honneur de ses hôtes invisibles. Le roi ne les a point encore pris pour confidents. Mais il a commencé – précisément en cette année 1869 – son journal très intime. Ce qu'il y note, on va le voir. Chaque ligne de ce recueil effrayant est une plongée dans son âme, une pêche dans ses profondeurs. Et si ce qu'il en ramène n'a souvent pas plus de forme ni de couleur que des varechs flottant sur l'écume de la mer, du moins ces débris nous instruisent-ils un peu sur la flore sous-marine dont le flux et le reflux les arrachèrent. Très peu de commentaires suffiront. Car ce singulier cahier fournit les thèmes avec leurs variations, d'ailleurs peu variées. Elles vont en se resserrant autour des deux ou trois motifs principaux. Je n'en transcrirai donc qu'une partie et dans l'ordre des événements. Le secret des hommes est toujours si vite livré, hélas, qu'il faudrait plutôt leur rajouter du mystère que leur en enlever. Mais ici, à côté de la lumière parfois crue projetée sur les fragments de ce beau torse, il reste par places assez d'ombre pour tenter plus longuement le regard et la méditation.

Voici ce que le roi écrit sur les premiers feuillets de ce confessionnal :

*Au nom du Père, du Fils et du Saint-Esprit**.

« Je me tiens sous le signe de la Croix (jour de la Rédemption de Notre-Seigneur), sous le signe du Soleil

---

* Saint-Esprit : *Tous les passages en italique sont en français dans le texte. Nous respectons la syntaxe de l'original, mais rétablissons l'orthographe et la ponctuation où elles sont apparemment fautives.*

(Nec pluribus impar) et de la lune. (Orient ! Seconde naissance par le miracle d'Obéron.) Que je sois maudit, moi et mes idéals, si je retombe. Dieu merci, cela n'est plus possible car je suis protégé par la sainte volonté de Dieu, et la parole auguste du roi.

« L'amour psychique seul est autorisé ; le sensuel, en revanche, est damné. J'appelle solennellement sur lui l'anathème. « Tu t'approches en envoyé de Dieu ; je suis tes pas, venu de loin ; ainsi t'avances-tu vers le pays où luit éternellement ton étoile. »

« *Adoration à Dieu et à la sainte religion ! Obéissance absolue au Roy et à sa volonté sacrée.*

« Courses dans le traîneau rococo. Lu (Martin, Ranke).

« Volupté, joie indescriptible ... (quelques mots indéchiffrables).

« Pas de mouvements violents ; ne pas boire trop d'eau ; repos. Juré de me ménager au nom de L.W. Si mes prières sont exaucées, mes désirs se trouveront aussi délicieusement réalisés. — Amen.

« Le 3 déc. au soir, fait la connaissance de W. Le pauvre s'est fortement blessé le 5, en rentrant chez lui. Bénédiction sur lui. Petites courses. (Histoire populaire de France.) Luitprand. Le 11, course inutile. Linderhof, rentré à 3 h. 1/2 du matin. Lundi à 1 heure, course avec R. par Pfronden, Tannheimer, Kofel (Vatout, Versailles, Delobel !) ....

« — Rapport : (esquisses de la vie du Grand Roy !). 8 heures : clair de lune.

« Course avec Reutte (cavalier acrobate) à Plansee. Les beaux traîneaux, sous un clair de lune magique, au travers des forêts de sapins couvertes de neige. A minuit, retour dans le cher Linderhof, où la gloire de Tmeicos-Ettal * se doit merveilleusement épandre.

---

* Imeicos-Ettal : *Autre anagramme pour « l'état c'est moi ».*

De par le Roy.

« Éloigné à jamais du ciel de lit royal
« Vers les deux coussins d'un rêvoir oriental ….
« Toutefois, ici jamais non plus ; en tous les cas pas avant le 10 février. Et alors toujours plus rarement, toujours, toujours plus rarement … Ici ne compte aucun « car tel est notre bon plaisir » — mais c'est une loi absolue.

Toute justice émane du Roy.
Si veut le Roy, veut la loi.
Une foi, une loi, un Roy.

Louis.

De par le Roy.

« Jamais plus en janvier, ni en février ; et au surplus il faut s'en déshabituer par tous les moyens possibles ; avec l'aide de Dieu et du Roy. De cette manière, l'impossibilité est proclamée. Juré, sous peine d'être privé de la protection divine et royale.

« Post-Scriptum :
« Plus d'ablutions inutiles à l'eau froide. Fini depuis le XIV, 3. — Eau bénite. Tout mal s'évanouit par la volonté royale. Les nouveaux sommets sont gravis en esprit. Toutes précautions sont ordonnées sous peine de punition sévère et de consécutifs remords de conscience.

Moi, le Roi. »

Psychiatres, psychologues, médecins, moralistes, critiques, vous allez pouvoir tirer de ces pauvres feuillets de bien féroces commentaires. Et je vous les abandonne. Car il y a deux choses que l'homme n'avoue pas : sa méga-lomanie et ses aberrations sexuelles. Mais je demande lequel d'entre nous n'a jamais rêvé qu'il était plus grand que soi ? Et si nous étions francs par pureté d'âme, un seul pourrait-il dire : « de telles résolutions, je n'ai jamais eu à les prendre » ? Les disciplines du corps, comme celles de l'esprit, ne s'obtiennent pas sans combats parfois risibles, mais perpétuellement recommencés. Et n'y a-t-il pas tout de même autre chose que faiblesse chez celui qui écrira seize ans plus tard, sur les dernières feuilles de ce même carnet : « *Aux sens, haine mortelle. Plus de baisers ... Souvenez-vous, Sire, souvenez-vous, souvenez-vous. Désor-mais jamais ! Désormais jamais ! Désormais jamais !* »

Louis II et sa fiancée, la princesse Sophie.

Le château de Linderhof.

La grotte bleue à Linderhof.

Un roi sans patrie et sans amour

Pendant que se débattaient ainsi dans un homme les problèmes de l'« être ou ne pas être », se développaient au-dehors ceux de la nation. Une nouvelle fois, Louis allait se voir arraché à lui-même, ressoudé de force au grand corps bavarois et interrompu dans son œuvre de pierre à cause des « fadaises » de la politique.

Hohenlohe était démissionnaire. Victime du parti des patriotes et des cléricaux, qui lui reprochaient tous deux de chercher secrètement le rattachement à la Prusse, il lui avait fallu céder la place au comte de Bray. Celui-ci arrivait de Vienne, où il se trouvait comme chef de la légation bavaroise. On le supposait donc peu sympathiquement disposé en faveur de Bismarck et prêt à larguer l'amarre gênante qui attachait la Bavière de manière un peu trop serrée à la Prusse depuis les affaires de 1866. On se trompait. Lorsque surgit le différend avec la France au sujet de la succession d'Espagne, le compte de Bray voulut que son pays remplît avec loyauté les engagements signés. Il démontra que, sans rien céder des droits souverains de la Bavière, l'honnêteté et l'intérêt le commandaient ensemble ; et il sut manœuvrer avec assez d'adresse pour rendre acceptable, et même souhaitable, ce qui du temps de Hohenlohe avait semblé choquant. Il raisonna ainsi : s'unissait-on contre la France à la Prusse, la victoire de celle-ci lui créait envers la Bavière de grandes obligations. Était-elle vaincue, qu'en pouvait-il coûter ? Au plus une fraction du Palatinat, car la France devrait alors continuer plus que jamais à favoriser l'indépendance de chaque État. Mais si la Prusse était victorieuse en dépit de la neutralité bavaroise, ce serait la fin du royaume des Wittelsbach, et il n'y aurait plus désormais qu'à attendre le sort du Hanovre.

Le peuple goûta cette logique et se tourna tout entier du côté prussien. L'habile comte de Bray ne conservait de doute qu'au sujet d'un seul homme dans le royaume : le roi. Bismarck aussi, et, selon sa méthode habituelle, il renchérit soudain le jeu pour voir les cartes de l'ennemi et celles des partenaires. Il s'assure le concours de la Saxe, du Wurttemberg, du grand-duché de Bade, il envoie la dépêche d'Ems, et, dans cette « main » supérieurement préparée, s'il a une inquiétude réelle, elle est pour une seule couleur : le bleu et blanc du royal poète des forêts bavaroises.

Le 15 juillet 1870, à huit heures du soir, Louis rentre au château de Berg d'une course de montagne avec son chef d'écurie Hornig. Dépêches urgentes, messages de son gouvernement, envoyés spéciaux attendent. Il s'agit de savoir ce que pense et ce que veut Sa Majesté, si elle comprend la gravité de l'heure, si elle est favorable ou non à la guerre. Eh bien, Sa Majesté désirerait surtout qu'on lui fiche la paix. Elle menace de repartir aussitôt. Cependant son chef de cabinet, M. de Eisenhart est là. Il insiste. Il supplie. Ordre lui est donc donné de venir au rapport ce soir même, à onze heures.

Il paraît au moment fixé, apporte les dernières nouvelles et demande que le roi prenne sans retard une décision dont dépend tout l'avenir de son peuple et de ses États, car l'agitation est parvenue à son comble dans la capitale.

Louis va et vient nerveusement. Il y a bien des jours déjà qu'il prévoit cette difficile minute, qu'il la refoule, l'élude. Elle est là cette fois et ne se laissera pas enjamber. Eisenhart, au garde-à-vous, attend.

Voyez-vous, Excellence, un tel problème n'est pas seulement national, il est personnel. Ici se joue, outre la destinée du royaume, celle de la famille des Wittelsbach. Des siècles de savoir-faire et de chance, de politique et de finesse, tel est l'enjeu ; et vos désirs d'Allemand, vos devoirs de ministre, même vos spéculations de philosophe sont aisés à résoudre en regard des responsabilités royales. Vous ne risquez, en échange d'une soumission, que la grandeur de l'empire et, en place d'une vanité de clocheton, que de revêtir le nouvel orgueil germanique. Mais le roi ? Ce n'est pas seulement sa couronne, mais l'indépendance de son peuple qu'il peut compromettre, son vasselage qu'il redoute de signer. Et qu'adviendra-t-il en outre de la dignité qu'il représente ? De son pouvoir ? La victoire prussienne serait en quelque sorte une victoire de confédérés, une victoire démocratique, un coup de boutoir porté à l'idée la plus haute, la plus aristocratique de toutes les idées politiques : à Meicost-Ettal, à Louis XIV, à cette suprême civilisation des élites. Le futur empire de la force, qui sait s'il n'entraînera pas un jour la ruine des monarchies de l'esprit ? Louis II se sent bien plus l'allié, en cette minute, du Louis de Versailles que du Guillaume de Berlin. Et quant à vous, Excellence, brave homme à la barbe en éventail et aux yeux clairs, il est bon que vous restiez debout à danser d'un pied sur l'autre pendant que Sa Majesté délibère.

— N'y a-t-il donc aucun moyen, aucune possibilité d'éviter la guerre ?

— Je ne le pense pas, Sire.

— Oui, le *casus fœderis* doit jouer. Au demeurant, M. de Bray m'avise que le comte de Berchem m'apportera cette nuit encore, ou demain à la première heure, l'ultime délibération de mon gouvernement. Ouvrez ce pli dès qu'il sera arrivé, réveillez-moi, et instruisez-moi de son contenu. Telle est ma volonté. Bonne nuit.

Le Conseil des ministres se prolonge jusqu'après trois heures du matin. A six heures, Berchem est là, porteur d'un écrit par lequel le cabinet supplie Sa Majesté de se décider dans le sens d'une rapide intervention, conforme au traité d'alliance. On n'a déjà que trop tardé. Le ministre de la guerre ajoute que s'il ne reçoit pas incessamment l'ordre de mobiliser l'armée, il déclinera toute responsabilité, vu la surexcitation des esprits dans toute la Bavière.

M. de Eisenhart se fait donc annoncer et il est introduit dans la chambre à coucher où le roi repose sous ses rideaux bleu de France.

— Eh bien, que m'apportez-vous ?

Eisenhart lit ses papiers et ajoute :

— Rapide secours vaut double secours, Sire ...

Un silence. Puis le roi dit :

— *Bis dat, qui cito dat.*

Et il rédige aussitôt lui-même, en français (bizarre coquetterie), cette dépêche pour le président de Bray :

« J'ordonne la mobilisation, informez-en le ministre de la Guerre. »

Au Landtag aussi, après un long débat nocturne, la neutralité est repoussée par 89 voix contre 58. L'inévitable et le pire arrivent ensemble à échéance. Louis en ressent jusqu'au fond de l'âme le scandale. Mais s'il est impuissant contre la volonté du peuple et celle du gouvernement, qu'au moins lui soit épargné de confronter sa douleur aux réjouissances publiques. Pourtant, cette coupe-là aussi il faudra la boire. Car on réclame sa présence à Munich dans ce temps critique, et il ne trouve pas de raison plausible pour refuser. « Non, dit-il d'abord, je n'irai certainement pas » ; et cependant il y va, salue des fenêtres du palais la foule qui l'acclame, feint une fois de plus l'accord qu'il n'a jamais trouvé entre ses sensations et celles de la multitude. Ce même soir du 17 juillet, il assiste dans sa loge à une représentation de *la Walkyrie*, et il songe à la revanche éclatante que prend sur lui ce gros peuple qu'il a naguère chassé du Temple pour y savourer seul son rêve et que voici revenu, bruyant, patriotique, et déjà tout excité par les victoires prochaines. Quel peu que l'art et toutes les formes de la beauté si les haines de l'orgueil, les « fadaises d'État », la concurrence des commerçants annulent en un instant les rapports d'intelligence et de compréhension qui lient les êtres entre eux par-dessus le temps et les frontières ! Quel imbécile que l'homme moyen ! Quelle sinistre plaisanterie que la politique ! Et quelle valeur philosophique peut bien avoir une réalité construite et reconstruite sur la folie ? « Que ferais-tu si tout le monde disait non quand tu dis oui ? » ricanait le fou de Philippe II devant son maître ? Et qu'adviendrait-il aujourd'hui s'il disait non, lui, le roi, quand tout le monde dit oui ? Louis XVI partait à la chasse lorsque la foule hurlait devant les grilles de Versailles en réclamant sa « démission » et « les tripes de la reine ». Lui aussi s'en irait sous les bons arbres de ses forêts, où il était si plaisant de faire des cavalcades nocturnes en compagnie de ses laquais. Et la foule pourrait bien continuer de gueuler ses refrains guerriers dans toutes les brasseries de la capitale.

Or, voici le premier signe du vasselage entrevu : le Kronprinz Frédéric de Prusse reçoit le commandement de la 3e armée, composée des deux corps bavarois. Il faut aller à sa rencontre, le ramener à Munich, traverser la ville pavoisée dans sa calèche ouverte, assis aux côtés de ce barbu antipathique, ce Hunding ennemi-né des Siegmund et des Siegfried de la solitude. Il faut le recevoir au Palais en un banquet officiel, chose par-dessus tout détestée. Le soir, représentation de gala au théâtre. On donne *le Camp de Wallenstein*, de Schiller. Les deux princes y paraissent ensemble au milieu des ovations. Mais tout cet apparat et ces uniformes constellés de croix ne déguisent pas les cœurs. Et si Frédéric se montre surpris et charmé par les acclamations des vaincus de 1866, il sait voir que son « cousin » ne participe en rien à l'enthousiasme belliqueux de ses sujets. Lorsqu'il s'en va rejoindre ses armées déjà en marche vers la France, Louis lui fait remettre une lettre. Frédéric la lit sans étonnement. Il y trouve les vœux attendus pour la gloire de ses armes, mais aussi de singulières réticences : « ... Je pense pouvoir conserver la certitude, y est-il écrit, que ton royal père aura la bonté de reconnaître la fidélité et l'énergie du plus grand État de l'Allemagne du Sud en lui assurant, aussi bien au moment de la signature de la paix que plus tard, sa situation d'État indépendant, telle qu'il l'a toujours possédée au cours de sa longue histoire. Je pense pouvoir être assuré encore, par le jugement éclairé de ton auguste père, qu'il est aussi dans sa volonté de préserver à la Bavière, vis-à-vis de la tendance « nationale-allemande », son intégrité gouvernementale, que cette guerre ne doit diminuer d'aucune manière, mais au contraire fortifier dans l'avenir … »

Ce grand et pâle poète aurait-il donc un regard moins vague et plus de sens pratique qu'on ne le croit ? Le roi Guillaume fait un peu la grimace en lisant ces pages, et Bismarck bougonne. Ils s'inquiètent à tort, toutefois, car cet effort accompli, Louis ne cherche plus que la fuite. Il retourne à Berg, à Meicost-Ettal, aux lieux où il est vraiment seigneur d'un royaume de son goût, sans soldats, sans fonctionnaires et sans ministres. Ici, l'on respire l'air libre du bon plaisir. Ici, plus de guerre, plus de Prussiens. Aussi, quand peu de jours après arrive M. de Eisenhart brandissant une dépêche au moment où l'on va partir pour une course en voiture :

— Sire, un télégramme de la plus haute importance … Une grande bataille est engagée autour de Wœrth. La victoire paraît être à nous. Il faut remettre votre départ un peu ….

Louis répond :

— Il *faut* ? Quel est ce verbe ? Un roi ne *doit* jamais.

Et il démarre aussitôt. Il reste même absent une heure de plus que d'habitude, insoucieux des victoires. Et lorsque plus tard encore on apprend les nouvelles de Sedan et la reddition des armées françaises, Louis II de Bavière, à une question posée par l'un de ses ministres sur le pavois de sa capitale, répond par l'ordre suivant : « Comme il n'existe pas jusqu'à présent d'empire allemand, de république allemande, de confédération allemande, que les soi-disant couleurs allemandes sont en vérité les couleurs d'une simple expression géographique,

je veux que le seul drapeau bavarois flotte sur les bâti-
ments royaux. Et, ce qui serait mieux encore, pas de
drapeaux du tout. D'ailleurs, il pleuvra sans doute
demain. Tout est sombre. Le vent gémit. Je ne viendrai
donc pas. Peut-être viendrai-je plus tard, quand ce sera
véritablement la paix ... » Et en effet, sa prophétie se
réalisa : il plut. Louis ne vint pas dans sa résidence en
liesse.

Et là-bas, au pays de France, autour du bivouac des
troupes victorieuses, se tenait le Conseil des princes allemands. Au milieu d'eux, le roi Guillaume et son fils ; en
demi-cercle alentour : les princes Karl et Luitpold de
Bavière, le grand-duc de Saxe-Weimar, le duc de Saxe-
Cobourg, les princes héritiers de Mecklembourg-Schwerin
et de Mecklembourg-Strelitz, le prince Guillaume de
Württemberg, le prince de Hohenzollern, le duc Frédéric
de Schleswig-Holstein ; et, un peu en retrait, le comte de
Bismarck, le général de Moltke, le ministre de la guerre
von Roon. Réunis là pour recevoir un officier en képi et
en culotte rouge qui leur apportait la reddition de l'empereur vaincu, une idée remplissait leurs esprits : celle du
nouvel empire teutonique. Oui, cette pensée se levait
maintenant, après trois siècles de guerres fratricides, sur
tous ces peuples en armes. Or, un seul homme avait
qualité pour la traduire en acte et accomplir le vieux geste
rituel des papes lorsqu'ils couronnaient le chef du saint
empire germanique. Cet homme devait être nécessairement le second en puissance, le roi du plus grand État
après la Prusse. Et le hasard voulait que ce fût justement
le jeune dieu sylvestre de la Bavière, le chevalier du cygne,
celui qui chantait la musique de sa neurasthénie aux
mânes des somptueux monarques de la France d'autrefois ! Sans doute ne serait-il point facile d'obtenir un tel

geste d'humilité du seigneur des nuages et de la mélodie, du dernier Wittelsbach, de celui pour qui l'État, l'Empire et l'Allemagne ne sont rien auprès de la dignité transcendante dont il se dit lui-même investi.

Toutefois, Bismarck poursuit obstinément sa partie pendant des mois. Il envoie d'abord en éclaireur le ministre Delbrück. Louis le reçoit bien, le garde plus d'une heure auprès de lui, l'entretient longuement – et en parfaite connaissance de cause – du nouveau dogme de l'infaillibilité papale, tout récemment proclamé par l'Église. Delbrück riposte en invitant Sa Majesté à venir visiter Versailles, le château du Roy-Soleil, la galerie des Glaces, les pièces d'eau, tant de merveilles. Le patriotisme de Sa Majesté en sera électrisé ….

Versailles sous les drapeaux prussiens ? Son Excellence veut rire. Le roi fait signe aussitôt que l'audience est levée.

Sur les talons de Delbrück arrive le baron de Mittnacht, ministre de Württemberg.

— N'est-ce pas, s'écrie Louis dès son entrée, il ne s'agit nullement pour nous, Sudistes, de nous joindre à la fédération de l'Allemagne du Nord ?

— Sire, il s'agit à présent de tout autre chose : d'une confédération générale de toute l'Allemagne. Le Württemberg s'y est déjà résolu, sous réserve de certains droits d'indépendance.

Louis garde un instant le silence, puis :

— Que dites-vous, Excellence, de la question de l'infaillibilité du pape ?

Sur ce sujet, il est intarissable et soutient Dœllinger, son ancien précepteur, « l'anti-pape » allemand.

Les ambassadeurs bredouilles sont pourtant retenus à déjeuner. On les conduit dans l'Orangerie, où un aide de camp fait les honneurs. Et tandis qu'ils sont à table avec les officiers de la maison du roi, Sa Majesté passe à cheval dans le parc, pour saluer de loin, à travers les fenêtres, les deux Sudistes infidèles.

« Messieurs, vous êtes les bienvenus à Elseneur. Mais … je ne suis fou que nord-nord-ouest, sachez-le ; quand le vent est au sud, je reconnais un épervier d'une buse. »

Le 5 octobre, le quartier général allemand est transféré de Ferrières à Versailles. Les ministres de Württemberg, de Hesse et de Bade s'y rendent le 19. Le 20, ils y sont rejoints par les ministres bavarois. Nouvelle colère de Louis, qui exige le retour immédiat de son frère à Munich, sans se rendre compte que celui-ci, déjà mentalement malade de cette grande maladie qui ronge la ligne aînée de sa famille, n'est qu'un bien innocent comparse parmi tous ces seigneurs de la victoire. Et il l'accueille par un mot injuste : « Ma couronne, dit-il, ne tient plus que par un fil sur ma tête, n'est-ce pas ? Bientôt l'on s'écriera : Le roi Louis II est mort, vive le roi Othon ! » Mais le pauvre Othon n'a pas de peine à se justifier, car lui aussi, du fond de son cœur faible et de sa raison vacillante, il hait le prochain Empire.

Bismarck s'obstine toujours. Il fait inviter le roi Louis à Fontainebleau. Refus. Armé de sa rude psychologie, si juste lorsqu'il s'agit des « fadaises d'État », si lourde dès qu'elle concerne les hommes, il l'invite à Trianon. Nouveau refus. Le futur chancelier est impuissant à saisir dans ses bras de fer le papillon zigzaguant. Alors il se décide brusquement pour une solution différente. Aussi bien, le comte de Bray devient gênant, parle d'offrir à son maître la couronne d'un nouveau royaume d'Alsace et va jusqu'à insinuer l'idée d'un double sceptre impérial, porté alternativement par le roi de Prusse et le roi de Bavière …

Allons, le temps des atermoiements est passé. Assez de plaisanteries. Puisque le Bavarois ne veut pas venir, il faudra qu'il écrive. Installé à la table où il prend ses repas, Bismarck compose le *Kaiserbrief*, la lettre par laquelle Louis II va proposer au roi de Prusse de ceindre la couronne impériale. Puis il la copie au net et la remet au comte Holnstein, qui part aussitôt pour l'apporter à son maître.

Quatre jours après, celui-ci arrive à Hohenschwangau. Louis refuse de recevoir ce transfuge. Il est du reste couché avec une rage de dents. Enfin il se décide quand même, lit et relit la lettre, se fait donner une plume et de l'encre. Holnstein ne sait trop que penser, toutefois il croit observer que Sa Majesté recopie purement et simplement le texte de Bismarck. Et c'est en effet à quoi le roi s'est soudainement arrêté : signer, être débarrassé au plus vite de cette honte. Cependant, pour n'en être pas tenu seul responsable, que M. de Eisenhart, son chef de cabinet, prenne connaissance de cette abdication, qu'il en approuve les termes et qu'il fasse le nécessaire pour son envoi. Bien entendu, M. de Eisenhart – et avec lui toute l'Allemagne – pousse un soupir de délivrance.

Qui le croirait, le seul Allemand que le grand événement de Versailles remplit d'une angoisse qui va jusqu'aux sanglots, c'est, avec Louis II, le vieux roi Guillaume. Il aime sa Prusse et ses Prussiens, mais il ne convoite point cette pourpre que lui jette aux épaules son terrible serviteur. Une dure volonté le pousse vers un acte qu'il redoute. Vieillard honnête et chrétien, il ne souhaite pas cette gloire pleine de risques inconnus. Il eût préféré de mourir roi de son peuple fidèle plutôt que chef suprême d'un empire « imaginaire », *président* en quelque sorte d'une association des nations germaniques. Et c'est pesamment, sans joie, qu'il monte sur l'estrade dressée dans la galerie des Glaces pour prononcer son discours impérial devant tous les princes assemblés. Parmi ceux-ci, Othon de Bavière se dissimule. « Ah ! Louis, écrit-il le lendemain à son frère, je ne puis te dire avec quelle douleur infinie j'assistai à cette cérémonie ; combien chaque fibre de mon être se révoltait contre ce que je vis et entendis ... Tout était si froid, si fier, si brillant, si pompeux, et grandiloquent, et sans cœur, et vide ... J'étais oppressé dans cette salle, et c'est seulement en sortant à l'air que je repris mon souffle ... » Il faut vider la coupe jusqu'au bout cependant, et la lie n'est pas bue.

Toutes les villes d'Allemagne pavoisent. Les troupes reviennent chez elles, et à la tête des bavaroises, le Frédéric barbu, leur chef. « Fort désagréable et dérangeant », écrit Louis dans son journal. Mais hélas, comment échapper à ces jeux de la victoire ? Le 16 juillet 1871, on l'entend murmurer en montant à cheval pour le défilé officiel : « J'accomplis aujourd'hui ma première chevauchée de vassal. » Le canon tonne partout, les cloches sonnent à toute volée. Voici le prince Luitpold, le général von der Tann, une suite immense, empanachée, puis le Kronprinz allemand, porté par les cris et les acclamations. Immobile sur son cheval de pierre, Louis salue et les regarde passer.

Mais le lendemain, après avoir traversé la capitale aux côtés du prince impérial et de sa mère, il refuse d'assister au dîner d'honneur. A la cour, à la ville, c'est une vive rumeur de désapprobation, presque un scandale. Le roi ne sera point de la fête ! Le roi porte des vêtements noirs, en signe de deuil ! Ne chuchote-t-on pas qu'il déclare Versailles déshonoré depuis l'entrée des Allemands ?

Mais que ne dit-on pas de qui n'aime ni le bruit, ni les drapeaux, ni le vin, ni les fêtes, ni le plaisir ? On dit : c'est un fou. Ou un monstre. En tout cas un anormal. Ainsi en décident ces noctambules chargés de bière, qui, au petit jour du 18 juillet 1871, voient s'enfuir vers ses montagnes, dans une calèche fermée, leur roi sans patrie et sans amour.

Maître et disciples

Lorsque, dans sa maison de Triebschen, sur le lac de Lucerne, Richard Wagner regardait vers l'est, sa pensée y allait rejoindre ce jeune roi plein de grâce dont il avait dit un jour que la mort serait aussi la sienne. Et il se sentait, malgré tout ce qui était intervenu entre eux depuis lors, ému d'affection et de reconnaissance pour celui qu'il nommait son Parsifal. Car, bien que le premier feu se fût de part et d'autre refroidi, du moins s'était-il transmué pour l'artiste en une bonne paix confortable, helvétique, et nourrie des musiques les plus puissantes. Quand Wagner se tournait vers l'ouest, voici maintenant qu'apparaissait dans son ciel une étoile nouvelle, un jeune professeur allemand installé à Bâle, devenu lui aussi son disciple, et qu'il sentait tout à coup, avec une surprise intéressée, presque effrayée, d'un génie égal au sien. Dès la publication de son premier livre, ce garçon de vingt-six ans manifestait en effet une profondeur, une lucidité, une audace incomparables, et aussi un peu de cette confusion qui ressemble à l'enivrement de l'explorateur ou du savant lorsqu'il avance dans une région où personne n'est entré avant lui.

Certaines analogies s'observent entre Louis II de Bavière et Frédéric Nietzsche. Nés l'un en 1844 et l'autre en 1845, ils avaient tous deux le même goût de la solitude, les mêmes pudeurs du sentiment, et leur jeunesse n'avait connu de passion que pour le petit Teuton à tête dantesque dont personne ne pouvait effleurer la vie sans en être brûlé. C'est par enthousiasme, par amour, qu'ils forcèrent leur accès dans le cœur méfiant de Wagner. L'un lui avait apporté l'éclat d'un retentissant hommage et les moyens de réaliser ce que Wagner appelait « la création d'un monde qui n'existait pas » et qu'il portait en lui, c'est-à-dire la faculté de révéler sa pensée et son art. L'autre lui arrivait quelques années plus tard, du bout de l'horizon des idées, porteur des foudres de l'esprit, et prêt à s'en servir pour faire sauter la terre si elle n'acceptait pas les dogmes de la nouvelle révélation. Tous deux fiers et dangereux comme tous les solitaires. Tous deux pleins de haine pour le réel et ennemis de la vérité. (Nietzsche ne s'en fit le champion que plus tard.) « Plus une chose est éloignée de la véritable existence, plus elle est pure, belle et bonne », disait-il en ce temps. « L'unique possibilité est de vivre dans l'art. — La vie n'est possible que grâce à des fantômes esthétiques. » Ne croirait-on pas des devises composées par Nietzsche pour les pavillons de Meicost-Ettal ? Il est vraiment curieux de voir trois hommes aussi foncièrement dissemblables que Wagner, Nietzsche et Louis II s'enrôler pendant quelque temps sous les mêmes bannières. Et déjà – connaissant le dénouement comme nous le connaissons – on s'étonne de voir les deux plus jeunes se tromper pareillement sur eux-mêmes. Nietzsche mettait l'intelligence, la connaissance, au-dessus de tous les entraînements. Le jour où il fut infidèle à Wagner, c'est que celui-ci lui parut avoir trahi la seule cause sainte parmi les hommes, celle de l'esprit. Louis II, au contraire, plaçait la famille des sentiments plus haut sur l'échelle des valeurs que celle des idées. Lorsqu'il abandonna son maître, après *Tristan*, c'est que Wagner lui sembla avoir renié son idéal, qui devait être celui du renoncement ou de la mort. Isolde, et non Cosima. Déraciné pour toujours du jardinet des réalités et transplanté dans le riche terreau du symbole, Louis y avait terriblement prospéré. Ce n'était plus maintenant dans le nouveau sol impérial qu'il plongeait ses racines, mais dans le vieux monde des légendes, de l'histoire ou de l'épopée. Le devoir quotidien, les corvées officielles qui revenaient à heure fixe, le vilain museau des fonctionnaires, voilà ce qu'il avait, à force de résistances passives, fini par exclure de son programme. Même Wagner n'y figurait plus que pour mémoire. Qu'importait ! Les vivants les plus aimés ont toujours quelque point par où ils nous rappellent qu'ils sont vivants, et donc faillibles, c'est-à-dire décevants. Mais les morts ? Mais les non-nés ? Mais tous ceux qui ne doivent leurs mille apparences perpétuellement réinventées qu'à notre imagination ? Voilà les « fantômes » à qui ce roi si méprisant de ses sujets en chair et en os trouvait seuls encore quelque intérêt. Ceux-là même dont Nietzsche disait que grâce à eux l'existence était rendue vivable, les « fantômes esthétiques ».

Il faut bien voir que ce prince, comme du reste les trois quarts des hommes, n'était guère capable de fixer sa volonté à une doctrine philosophique. Ce que Nietzsche poursuivait partout avec tant de lucide avidité, cette explication de la vie, cette ardeur à la vider du faible et de l'inutile pour la fournir ensuite d'un vouloir plus noble, notre Bavarois n'en avait point souci. Et sans doute était-il aussi logique avec lui-même que Nietzsche. Puisque l'existence journalière, le gouvernement, la politique et la société lui importaient si peu, n'eût-ce pas été perdre son temps que chercher à en étudier le mécanisme ? Quel homme d'action (et il prétendait l'être), ouvre le boîtier de sa montre pour en examiner les pièces et savoir ce qu'elles valent ? Il lui suffit qu'elle soit à l'heure. Pour Louis II, la question philosophique se réduisait à un élan esthétique, c'est-à-dire à la construction d'un château. Pour Nietzsche, elle se ramenait à l'étude de la Grèce antique et à la découverte de la loi des deux rythmes qui gouvernent les hommes : l'apollinien et le dionysiaque. Et comme Louis II enveloppait dans les pierres de Meicost-Ettal la pensée métaphysique du pouvoir, tout de même Nietzsche enfermait dans sa *Naissance de la Tragédie* le grand élan dionysien qui tenait son âme envoûtée : la musique de Wagner. « Car elle seule est musique, et aucune autre », écrivait-il à son ami Rohde ; « c'est celle-là que j'entends par le mot *musique* lorsque je parle du dionysien, et nulle autre ».

Rien n'est plus dramatique que de voir Wagner aux prises avec ses deux disciples, l'élu de son cœur et l'élu de son esprit, qui tous deux vont le renier avant l'aube de sa gloire. Quand le coq chantera, ce ne sera plus lui l'homme de douleurs, mais ces deux âmes transpercées, l'une par la flèche de la vérité, l'autre par celle de l'amour. Mais Wagner avait fait cette prophétie : « Le destin, ne pouvant me détruire, s'en prend à mes fidèles. Dès que se donne à moi un homme véritable, qui à lui seul représente une force incalculable, je puis être sûr que le destin s'emparera de lui pour le vaincre. » Et en effet, Nietzsche sacrifia son plus grand enthousiasme humain à cette chose plus belle, plus pure, qu'est la connaissance ; comme Louis II, ayant rayé de son cœur la mémoire d'un sentiment unique, dressa vers le ciel ou sur les rives des lacs montagnards ses fantômes à lui du « monde qui n'existe pas ».

Mais à la date où nous voici parvenus, rien ne transparaît encore de cette conclusion. Nietzsche est un familier de Triebschen. Il y va passer ses dimanches. Il s'y électrise au contact de celui qu'il appellera plus tard « le vieux serpent à sonnettes », mais qui pour l'instant le fait s'exclamer : « Schopenhauer et Gœthe, Eschyle et Pindare vivent encore » ... en la personne de Richard Wagner. Il eût même été le témoin de son mariage avec Cosima, fraîchement divorcée de Bülow, si la guerre de 1870 n'avait fait du jeune philosophe horrifié un infirmier brisé de compassion. Lorsqu'il revint des champs de bataille, lorsqu'il apprit la Commune et l'incendie des Tuileries, Nietzsche, malade et comme foudroyé, désespéra de la civilisation. Il s'enfonça dans le pessimisme, révisa les doctrines qui lui avaient semblé les plus solides, et commença dans son for intérieur ce travail de critique passionnée qui devait l'amener un jour à pointer sa lance contre son maître. Cependant personne au monde ne lui était plus cher que Wagner et Cosima. Ces deux êtres le révélaient à lui-même, et, par cette révélation même, il était soulevé au-dessus d'eux, entrevoyait leurs erreurs de pensée et sa propre mission de prophète d'une nouvelle raison de vivre. Le trouble profond qui dès lors saisit sa conscience lui vint de sentir chanceler sous ses coups le vieux gladiateur qu'il aimait. Par-delà la musique de celui qu'il jugeait encore le plus grand des musiciens, il discernait maintenant le secret de toute musique, c'est-à-dire de toute philosophie. Et ce secret importait plus au monde que même la musique wagnérienne. Personne mieux que Nietzsche n'a justifié le mot de Léonard : « Plus exacte la connaissance, plus certain l'amour. »

En adressant à Wagner le premier exemplaire de sa *Naissance de la Tragédie*, au mois de janvier 1872, il pouvait en toute sincérité lui écrire : « ... A chaque page vous verrez que je n'ai cherché qu'à vous remercier pour tout ce que vous m'avez donné. Un seul doute m'envahit : ai-je toujours bien reçu ce don ... » Et Wagner, qui croyait trouver dans le livre de son jeune disciple une justification scientifique de toute son esthétique, lui fait répondre par Cosima : « ... Je n'ai jamais rien lu de plus beau que votre livre ... Vous avez jeté une claire lumière sur deux mondes dont nous ne voyons pas l'un, parce qu'il est trop lointain, dont nous ne reconnaissons pas l'autre, parce qu'il nous est trop proche ... » Et dans son enthousiasme, il en fait même expédier un exemplaire au roi.

Ces deux mondes, l'apollinien et le dionysiaque, celui de l'idée musicale primitive, tourbillonnante, et celui de son expression traduite, formulée, c'est le monde abstrait de Nietzsche et le Walhalla monumental de Louis. A l'un, le peuple léger des pensées qu'il retrouvait dans le silence alpestre ou sous les pins de la Méditerranée a suffi pour bouleverser la morale des élites qui gouvernent l'esprit des hommes. A l'autre, les rêves wagnériens n'ont apporté qu'une vision théâtrale et limitée d'un idéal philosophique aujourd'hui pétrifié. Mais est-il donc si étrange que les deux Télémaques du nouvel Ulysse aient fait avec leur maître un même voyage, où chacun d'eux n'a vu pourtant que des paysages différents ? Où chacun d'eux s'est nourri de vouloirs divergents ? Dès que prit racine en Nietzsche sa théorie sur le tragique grec issu de l'esprit de la musique, il se sentit du même coup devenu le « souffleur » de Wagner. Et de son côté le roi Louis, quand il eut projeté de modeler dans la pierre et le ciment les poèmes dont l'Unique avait déposé en lui les germes, il se libéra de cette tutelle pour chanter selon sa propre inspiration.

De nouveau Wagner resta seul. Et Nietzsche aussi. Et tout de même Louis. Quand le maître commença de songer au Delphes mystique de la culture tragique moderne, ni le philosophe ni le monarque n'étaient plus ses élèves. C'était Wagner, au contraire, qui à présent avait besoin d'eux. En composant, à cette date, le dernier acte du *Crépuscule*, il n'abordait jamais son travail sans relire quelque passage du livre sur la *Naissance de la Tragédie*. Et pour la réalisation pratique de son entreprise, c'est à Louis qu'il dut s'adresser pour en obtenir une fois de plus l'aide matérielle indispensable.

Mais celui dont il avait dit quelques années auparavant : « Voici un roi ! Avec un tel homme on pourrait bouleverser toute la terre », veut aujourd'hui disposer à sa guise de son plaisir. Wagner l'ayant promu au rang d'homme libre, il va démontrer de quoi il est capable et il ordonne en conséquence, contre la volonté du maître, une première représentation de *l'Or du Rhin*. On va voir que si l'artiste a pouvoir d'inventer, le roi seul a pouvoir d'exécuter. Toutefois, s'avèrent bientôt de si graves défauts de mise en scène, une distribution si médiocre, une si totale incompréhension de l'œuvre, chez l'intendant des Théâtres von Perfall comme aussi chez les artistes, que le jeune chef d'orchestre Hans Richter se récuse, que le ténor Betz s'éclipse et que l'auteur s'oppose avec véhémence à une exécution si préjudiciable à son ouvrage. Le roi passe outre. Il accuse Wagner de « faiblesse » et maintient la représentation pour le jour prévu. Elle se déroule dans l'ironie et la médiocrité. Le roi seul n'en éprouve aucune déception parce que sans le savoir il est le seul spectateur pour qui le spectacle n'a plus qu'une valeur symbolique. Son monde lui est ouvert maintenant. Ce que nains et géants figurent avec maladresse sur les planches d'un théâtre, il est en train de le créer. Le Walhalla, c'est lui qui le bâtira, à cent pics au-dessus du Nibelheim de ces monstres que sont les hommes. Et tandis que se disputeront dans les coulisses les marchands de rêves en carton, il construira le sien en blocs éternels, au sommet d'un rocher.

Neuschwanstein est un pic rocheux qui domine la région des châteaux où Louis a vécu son enfance. De Hohenschwangau on y accède en une demi-heure. L'étonnant est qu'aucun baron moyenâgeux n'ait songé à dresser ici son nid d'aigle. Un lieu si fier conviendrait pourtant aux figurations de la force. Mais le roi pense qu'après Meicost-Ettal, symbole de l'orgueil, sa seconde œuvre mérite d'être dédiée au rêve. Neuschwanstein sera le burg féodal de Tannhäuser, de Lohengrin, le Monsalvat où se conservera le Précieux Sang du prince des songes.

Comment ne pas penser encore à Nietzsche jetant, à une dizaine d'années de là, dans l'Engadine, les fondements de son château spirituel. « Je parcourais la forêt, raconte-t-il, le long du lac de Silvaplana ; près d'un formidable bloc de rocher qui se dressait en pyramide, je fis halte. C'est là que m'est venue l'idée du *Zarathoustra* ... A six mille pieds par-delà l'homme et le temps. » Ici, à Neuschwanstein, le roi est aussi à six mille pieds par-delà l'homme et le temps. Quel socle pour s'élancer jusqu'où ses sentiments le voudraient porter, mais où son intelligence ne peut pas atteindre !

Il vient tous les jours pendant quelque temps sur ce sommet, et regarde galoper les nuages. Les projets se pressent en lui. Il s'en ouvre à ses architectes, à ses décorateurs, aux peintres de son Académie, et tout de suite jaillissent d'une douzaine d'ateliers épures et aquarelles.

Louis II à cheval.

Le château de *Neuschwanstein*.

La salle du trône au château de Neuschwanstein.

Il s'arrête de préférence à celle de Christian Yank, peintre décorateur du Théâtre royal, auquel il adjoint successivement trois architectes, Riedl d'abord, von Dollmann ensuite, et pour finir Hofmann. Commencée aussitôt, cette construction exténuante, en raison des difficultés d'accès de ce piédestal à pic sur le vide, se prolonge durant des années. Mais rien n'arrête ni ne décourage le roi. Comme à Linderhof, il s'agit avant tout d'aller vite. Peu importe que les architectes s'affolent, que les entrepreneurs soient insuffisants, les artisans mal choisis et la qualité de cette « imitation » vraiment regrettable. L'essentiel est d'aller de l'avant afin que Sa Majesté puisse emménager à Neuschwanstein pour la Noël de cette année 1871. Le secrétaire royal relance le maître d'œuvre, messieurs les professeurs, messieurs les peintres, afin que tout soit en place pour ce jour-là. Si les tours ne sont pas achevées, les toiles encore humides et les cuisines pas installées, tant pis. Aussi voit-on camper parmi les plâtres une armée de maçons et des états-majors d'artistes. On fabrique le roman et le gothique à grandes hottées de grès et de ciment. Et bientôt s'élèvent le corps principal, les hautes voûtes de l'entrée, la salle des chevaliers, la salle des gardes, la salle du trône, la salle des chanteurs, étage sur étage jusqu'aux clochetons et girouettes. Ici et là une échauguette, une lanterne, des statues, et, incorporée dans la façade principale, une tour, une seconde tour ; puis, en annexe, toute une forêt de tours. Quel magnifique jouet de Nuremberg ! Il est tel que Louis a déjà imaginé d'en construire un lorsqu'il jouait avec des plots sous l'œil connaisseur de son grand-père. Mais ici tout est vrai, solide, colossal. Ce n'est plus comme sur le théâtre de ce bon Richard Wagner, où les machinistes vous transportent la demeure des géants au bout d'une corde !

Et quel incomparable livre d'images que ces salles immenses où pourra s'assembler tout un peuple héroïque de troubadours, d'amants et de guerriers. La Wartburg, chez les cousins de Weimar, n'en est qu'une puérile esquisse.

Tout en haut, au quatrième étage, sept fresques racontent la légende de Sigurd. Dans le cabinet de travail, huit panneaux représentent l'histoire de Tannhäuser. Dans une autre salle, Hausschild a peint en dix tableaux celle de Lohengrin. La salle à manger dit la guerre des chanteurs chez le landgrave de Thuringe. Enfin, le conte de Parsifal est rendu tout au long par trois maîtres munichois, sur les murs de la salle des fêtes. Que tout cela soit tristement médiocre, le roi n'en a aucune idée. Créer de la beauté n'est absolument pas dans son programme. Il s'agit de créer, tout court. Le *comment* des choses lui importe bien moins que le *pourquoi*. Et au pourquoi répond une seule pensée : réaliser, rendre vivant et palpable le rêve, faire de l'action. Non pas l'atmosphère musicale, mais la note. Être le régisseur du drame. Pour cela, il ne faut pas se perdre dans le détail des choses, mais simplement les vouloir. Qu'elles soient belles, vertu seconde. La première est qu'elles existent, qu'on les puisse toucher et qu'elles rayonnent.

Le cabinet de travail est vert et or ; le salon, bleu et argent. Le cabinet de toilette, mauve ; la chambre à coucher, bleu-lapis et or ; la salle à manger, lie de vin. Dans sa chambre surtout, rien n'est laissé en blanc, car c'est toujours son lit que cet homme d'insomnies entoure d'une somptueuse vénération. Baigné et attiédi par les nudités sérieuses du roman des salles précédentes, il lui faut pour occuper ses nuits toute la flore stylisée du gothique. Boiseries, ferronneries, broderies, lustrerie, tout fleurit et s'élance, tout s'agenouille et joint les mains. Un arbre de sculptures soutient le plafond par son milieu. Les murs sont des stalles de chanoines. Le lit est une église, chaque fauteuil un siège épiscopal. Quant aux murs de cette cathédrale flamboyante, ils chantent l'histoire humaine de Tristan et d'Yseult.

Une porte conduit du dortoir mystique de ce solitaire épris de lui-même vers un petit oratoire dédié à saint Louis, son patron. C'est là, sur un coussin de velours violet, qu'il s'agenouille pour prier son collègue aux trois lys. Mais combien il est loin de pouvoir dire comme celui-ci : « J'aime mieux que l'excès de grandes dépenses que je fais soit en aumônes pour l'amour de Dieu que en bobant (luxe) ou en vaine gloire de ce monde. » Non que vaine gloire soit spécialement chère à Louis, mais enfin la gloire est la gloire, et personne ne saurait la mieux incarner aujourd'hui qu'un roi qui commande aux artistes, aux poètes, aux nuages. Voilà pourquoi la salle du trône doit s'élever sur deux étages, être voûtée par un ciel constellé d'étoiles et symboliser par sa forme l'alliance avec l'autel. C'est une église consacrée au représentant de Dieu sur la terre, lequel n'est pas le Pape, mais le Roi. Voilà aussi pourquoi il sied de transporter au sommet du château, comme un hommage de la matière à l'esprit, un raccourci du jardin d'Eden : paradis transporté céans de Meicost-Ettal, avec ses orangers, ses jasmins, ses fontaines et ses colibris voletant sous un ciel de cristal.

Tel est ce château du cygne où le roi fait allumer, le soir, les cinq cent quarante-neuf bougies de la salle des chanteurs. Placé à bonne distance, sur le Pont-Marie, il regarde naviguer dans la nuit d'hiver, tous hublots flambants, ce paquebot sans passagers. Car il n'y a personne à bord que ses domestiques.

Journal intime

« ... Le 21, anniversaire de la mort du pur et noble roi Louis XVI. Symboliquement et allégoriquement *dernier* péché, racheté par cette mort expiatoire et cette catastrophe du 15 courant, lavé de toute impureté ... la coupe limpide de l'amour et de l'amitié de Richard. — L'anneau, consacré et sanctifié par les flots, donnera à qui le portera une force de géant et le pouvoir de renoncer.

« Baiser saint et pur ... une seule fois.

« Ce 21 janvier 72. —

« Vivat Rex et Richardus in æternum.

« Pereat malum in æternum.

« 3 février. —

« A bas les mains, plus une seule fois, sous peine de châtiment sévère.

YO EL REY.

« En janvier, Richard venu trois fois chez moi ... chanté, théâtre de la Résidence (décor Louis XIV). Le 31, bal de la Cour. Course à cheval avec R. à Nymphenburg

(Amalienburg). Le 28, *Lohengrin*. Mais j'étais seul au Ring avec mes pensées.

« ... Le 6 mars 1872. —

« Juste deux mois avant le 5ᵉ anniversaire de ce 6 mai 1867, jour béni où nous nous vîmes pour la première fois pour ne plus jamais nous séparer jusqu'à la mort. Écrit dans la hutte indienne.

« Le 7, répétition ; le soir, représentation. Le 9, répétition d'*Esther*, merveilleux drame ! Le 10, roi depuis huit ans ! Anniversaire de la mort de mon père ; le 12, *Esther* ...

De par le Roy.

« Il est ordonné, sous peine de désobéissance, de (ne) jamais (plus) toucher au Roy, et défendu à la nature d'agir trop souvent.

« Donné dans notre résidence royale à M. le 22 avril (quinze jours avant le 6 mai, cette journée si importante pour toute ma vie), l'an de grâce 1872, de notre règne le neuvième.

Louis.

De par le Roy.

« Au nom du Roy Louis XIV et du Roy Louis XV. Il est ordonné que dans la nuit du 14 au 15 d'octobre 1872 on s'ait touché pour la dernière fois ... Dans les noms de ces Roys si puissants et augustes est la garantie de la force pour vaincre à jamais. Donné à Hohenschwangau, le

15 octobre de l'an de grâce 1872, de notre règne le neuvième.

Louis.

Une seule observation : le Richard dont il est fait ici mention n'est pas Wagner, mais le cocher Hornig.

Première et dernières pierres

Munich a terriblement trahi Wagner. Qu'on se souvienne du jour où il écrivait à Louis : « les miracles de la poésie sont entrés dans ma vie malheureuse et altérée d'amour comme une divine réalité ». Il semblait alors que le roi, sa capitale et son peuple fourniraient à l'assoiffé les vivres spirituels et matériels dont il avait besoin. Mais qu'est-elle devenue cette confiance, cette appréhension de l'impossédable dont l'illusoire possession s'appelle le bonheur ? En quelle sorte de malentendu intellectuel s'était donc transformé un amour dont les premiers accents avaient semblé le prélude d'une nouvelle « Symphonie héroïque » où la marche funèbre devait être remplacée cette fois par une marche triomphale ? L'artiste avait rêvé faire de Munich la capitale d'une culture nouvelle : on l'en chassait comme indésirable. Il avait dessiné les plans d'un théâtre modèle, qu'un monarque exalté ne trouvait jamais ni assez vastes ni assez somptueux : pas un mur n'était sorti de terre. Secouant alors la poussière de ses souliers, il partait vers un nouvel exil, puisque sa présence signifiait toujours « révolution », comme le disait autrefois Mathilde Wesendonk. Du moins restait-il assuré que son œuvre s'épanouirait bientôt sur sa malchance : elle était sectionnée dans sa fleur par celui-là même qui l'aimait le plus, et passée à sa boutonnière comme la rose d'un gai matin.

Et cependant, malgré tous ces déboires, Wagner écrit de son *Asile* de Triebschen : « Il me faut souhaiter de parvenir à un âge avancé puisque mes devoirs se sont indéfiniment accrus ... Le *Crépuscule* est commencé ; après quelque temps de repos et de concentration, le *Parsifal* doit lui succéder, tandis que mainte autre chose encore s'ébauche en moi pour de futures créations ... » Ce petit homme fécond et têtu a du moins acquis, au cours de ces diverses crises, deux certitudes : tout d'abord qu'il achèvera selon son plan sa monumentale Tétralogie ; ensuite, que ni un roi, ni une capitale, ni un penseur de génie ne seront les ouvriers de son œuvre. Il faudra qu'à lui seul, en complète indépendance, il soit l'architecte et le maçon du monde dont il est l'inventeur. Un seul homme jusqu'ici l'a compris comme il demande à l'être, parce que cet homme est un artiste : son vieil ami Liszt. Mais un malentendu sérieux les sépare depuis que la fille du grand virtuose a quitté Hans de Bülow pour épouser Wagner. Installé à Rome depuis quelques années, tout entier tourné vers Dieu et la musique religieuse, Liszt ne pardonnera pas aisément à Wagner d'avoir converti Cosima à la religion protestante, ni de l'avoir ôtée à Bülow. Tout cela, il le sait. Et au surplus, ce Liszt appauvri et renonçant, que pourrait-il donner encore que Wagner n'eût pas reçu ? Non, c'est tout seul qu'il lui faut couronner son œuvre et fonder sa Mecque. C'est tout seul qu'il découvrira la ville paisible, noble, peu commerçante et bien située géographiquement qui convient à son projet. Or, il en est une qui se présente parfois à son esprit parce qu'il l'a traversée une

Portrait de Louis II.

La salle des chanteurs au château de Neuschwanstein.

Premier tableau de *l'Or du Rhin*, à Munich, en 1869.

fois à l'âge de vingt-deux ans, et qu'elle lui a précisément laissé le souvenir d'un lieu heureusement disposé, c'est Bayreuth. Il consulte son dictionnaire, qui dit : « petite ville de la haute Franconie ; ancienne capitale des margraves de Bayreuth-Ansbach ... château ... *Ermitage* ... magnifique théâtre de l'époque rococo ... ». Ce sera là, pense-t-il. Une ville oubliée, d'un vieux luxe tempéré, dans une contrée pittoresque et boisée qui fait partie du royaume de Bavière, ce choix le laisse fidèle à lui-même, et fidèle de plus à son ombrageux protecteur.

Le 17 avril 1871, Wagner débarque à Bayreuth pour la seconde fois de sa vie. La petite cité est exactement telle qu'il la souhaite. Aussitôt il court vers le château, somptueuse bâtisse dans un bon style du XVIIIᵉ. Le gardien lui en ouvre les portes, le conduit de salon en salon à travers tout un peuple de petites âmes pétrifiées, incrustées dans les murs : chinois en robe d'écarlate, pagodes, mandarins, papillons de porcelaine, liserons de boiserie, oiseaux et insectes voletant sur les plafonds, palmes en chêne sculpté, hôtes, depuis plus d'un siècle endormis, de la margrave Wilhelmine, l'amie de Voltaire. Notre vieux Prince Charmant est dans l'allégresse. C'est lui, décidément, que le sort désigne pour réveiller tous les fantômes. Il se fait montrer le parc et note qu'un beau terrain l'avoisine, boisé, clair, et qui conviendrait parfaitement à sa future demeure. Car déjà, de l'un de ces coups de volonté dont il a l'habitude, Wagner recommence pour la dixième fois la vie.

Donc ici, en bordure du parc, sa maison. Là-bas, sur cette hauteur qui domine la ville, son théâtre. Et, couvrant ces routes qui partent en éventail vers Nuremberg, vers Bamberg, vers Cobourg ou Wurzbourg, son public accourra de tous les coins de la terre. Quelle joie d'avoir vingt ans, tant de biceps, un crâne énorme, une œuvre à parfaire et des montagnes de manuscrits dans ses tiroirs lucernois ! Vingt ans ou cinquante-huit, c'est la même chose pour qui a devant soi la gloire, avec soi l'amour, et derrière soi toute l'expérience de la douleur. Non, cinquante-huit c'est plutôt mieux, parce qu'on n'est plus accompagné par cette folle qui s'appelle l'illusion, mais par une amie plus grave – si même un peu durcie et ridée – qui se dénomme la foi. Et quelle associée que celle-ci dans l'existence de Wagner ! Bafouée, congédiée vingt fois, elle est toujours rentrée par quelque issue pour le tirer au moment voulu de ses désespoirs. Aujourd'hui elle est encore là, avec son beau visage fatigué, tandis que l'artiste entreprend une tournée dans les grandes villes d'Allemagne afin d'exposer son projet et de lui gagner des adhérents.

Il s'agit de réunir près d'un million de marks. On divisera cette somme en mille parts de neufs cents marks chacune. Sans doute le roi Louis en souscrira-t-il un bon paquet. Or, le roi n'y songe nullement. Dans ce même mois d'avril 1871, il écrit tout au contraire : « Le plan de Wagner me déplaît beaucoup ; la représentation du cycle entier du Nibelung, l'an prochain à Bayreuth, est nettement impossible. Cela, je vous le mets noir sur blanc. » Néanmoins, comme si le repentir le saisissait aussitôt, il souscrit soixante-quinze mille marks. Et la volonté de Wagner étant de celles devant qui tout cède, voire les destins hostiles, d'autres souscripteurs se présentent, des adeptes fondent dans plusieurs capitales des « sociétés Wagner ». Même, les édiles de Bayreuth, enflammés par un projet qui va tirer leur ville de sa longue léthargie, offrent gratuitement les terrains pour le Théâtre des Fêtes.

Bref, au printemps de 1872, après sept années nourries dans le recueillement du travail, « l'ère bayreuthienne de la civilisation » va s'ouvrir, et la maison de Triebschen se fermer pour de bon. Le maître l'a déjà quittée depuis huit jours lorsque Cosima et son jeune ami Nietzsche en parcourent les pièces démeublées, vaquant aux derniers emballages. « Nous marchions parmi les décombres », écrira plus tard le philosophe. « L'air, les nuages, étaient chargés d'émotion. Le chien refusait de manger. Les domestiques, quand on leur adressait la parole, fondaient en larmes. » L'avenir, décidément, ne s'ouvrait pas sous le signe de la joie.

Cependant, le temps approche désigné pour la pose de la première pierre du Théâtre, ce 22 mai 1872, cinquante-neuvième anniversaire de la naissance du compositeur. Dès le 19, jour de la Pentecôte, affluent de toutes parts les invités et les curieux. En dépit de cet empressement, le cœur du musicien est lourd, car si les destins plient devant lui, ils se vengent sur les amis et tiennent éloignés les trois hommes auxquels l'attachent les liens les plus forts : ni Liszt n'est présent, le saint Jean-Baptiste qui annonça la venue du maître ; ni Bülow, le saint Pierre de son église ; ni Louis, le disciple que Wagner aima. Et malgré la foule enthousiaste qui remplit le vieil opéra rococo où il va diriger les répétitions de la IXe Symphonie, on devine je ne sais quel abandon, quelle déception dans cette âme pourtant coriace. Avant le grand éclatement d'allégresse du chœur de la IXe, on entend comme l'écho sourd de cette plainte dans une recommandation de Wagner au premier cor de son orchestre : « Point de nuance de sentiment … il faut que cela sonne comme derrière un voile. »

Le 22, les signes célestes continuent d'être défavorables : il pleut. C'est sous un déluge que la foule, au sommet de l'Acropole wagnérienne, attend le créateur du monde musical nouveau. Il descend de voiture dans la boue, entouré de fidèles. Il saisit le marteau : « Sois bénie, ma pierre », dit-il, « demeure forte et tiens ferme. » Il la frappe. Elle s'enfonce, emportant avec elle une incantation que le magicien a inscrite sur une feuille de papier et qui commence ainsi : « J'enferme ici un secret ; que les siècles le conservent ... » Puis il y ajoute la dépêche de son roi, arrivée tout à l'heure. « Du plus profond de mon cœur je vous exprime, très cher ami, mon vœu de bonheur le plus sincère et le plus chaleureux en cette journée si importante pour toute l'Allemagne. Salut et bénédiction sur la grande entreprise de l'an prochain. Aujourd'hui plus que jamais je suis uni en esprit avec vous. Kochel, le 22 mai 1872, Louis. » La cérémonie achevée, Wagner, pâle et épuisé, emmène Nietzsche dans sa voiture. Et celui-ci notera, en décrivant cette minute : « ... Il se taisait, tournant longuement au-dedans de lui-même un regard qu'aucune parole ne saurait décrire. Il commençait sa soixantième année. Tout son passé était la préparation de ce moment-là. On sait que les hommes, lors d'un danger extraordinaire, ou dans quelque instant important de leur existence, ramassent toute leur vie dans un éclair de conscience et revoient leur passé le plus proche ou le plus lointain dans une perception d'une rare acuité. Qu'a pu discerner Alexandre le Grand lorsque, dans un tel moment, il fit boire l'Europe et l'Asie à une même coupe ? Mais ce qu'a vu Wagner de son œil intérieur en ce jour-là – ce qu'il avait été, ce qu'il était, ce qu'il serait, – cela, nous pouvons jusqu'à un certain point, nous, ses proches, le discerner comme lui : seul ce regard wagnérien nous fera comprendre son haut fait – et cette intelligence nous en garantira la fécondité. »

De ces heures fiévreuses, le roi Louis n'est donc pas le témoin. Et l'eût-il été, sans doute ne se fût-il pas rendu compte que cette pierre, dressée au sommet d'une colline, marquait à la fois une aube et un crépuscule : l'achèvement d'une œuvre, c'est-à-dire son épanouissement, donc sa décrépitude prochaine ; et du même coup (l'une engendrée par l'autre), la naissance d'une pensée nouvelle. Mais comment Louis le comprendrait-il lorsque Nietzsche lui-même ne s'en doute qu'à peine ? C'est pas mal d'années plus tard seulement que celui-ci s'écriera : « Le plus grand événement de ma vie fut une guérison ; Wagner n'appartient qu'à mes maladies », comme Debussy lui aussi dira un jour : « J'ai été à Bayreuth et j'ai pleuré mon dû à *Parsifal*. Mais à mon retour j'ai connu *Boris Godounov*, qui m'a guéri. »

Non, le roi ne sait rien ; ni que sa dépêche à l'Unique a été enfouie dans la terre avec le secret de l'art wagnérien ; ni que le compositeur se lève en cette soirée du 22 mai devant la foule des invités pour lui payer son tribut : « C'est un devoir ordinaire, dit-il, de remercier le souverain pour ses bienfaits. Mais pour moi ce prince est davantage, bien davantage que pour quiconque en son royaume. Ce qu'il m'est surpasse de beaucoup ma personne, car ce qu'il a exigé, provoqué en moi, et accompli avec moi, intéresse un avenir qui nous concerne tous, qui s'étend bien au-delà de ce que l'on entend par la vie bourgeoise ou sociale, savoir : une haute culture spirituelle, un élan vers le but le plus élevé auquel une nation puisse prétendre. Voilà la signification de la merveilleuse amitié dont je parle ici. Lorsqu'il me fut permis de rentrer en Allemagne et que personne en ce pays, surtout les académies officielles, ne savait quoi faire de moi, cette voix généreuse m'appela et me dit : « Je prendrai soin de

Wagner dirigeant une répétition sur la scène du théâtre de Bayreuth.

toi, artiste que j'aime ; il faut que ta pensée s'accomplisse ; je veux te libérer de tout souci matériel. » Et c'est cette grandeur d'âme qui me permet aujourd'hui de réaliser devant vous ce miracle … Voilà ce que je dois à ce Roi. C'est donc du plus profond de mon cœur que je m'écrie : qu'il vive ! »

Tout cet enthousiasme, cependant, tous ces projets, tous les comptes rendus de la presse n'amènent à la trésorerie de Bayreuth que d'insuffisantes contributions. Rien de solide. Rien d'important. On va de l'avant quand même, et tandis que montent lentement les murs du Théâtre des Fêtes, s'élèvent aussi ceux de la villa Wahnfried.

Paix de l'esprit, repos de l'imagination, tel est le sens de ce nom dont les syllabes ont une sonorité si wagnérienne. C'est un grand cube à la romaine, avec un hall dressé sur deux étages, un salon spacieux s'ouvrant sur le parc du château des margraves, et des chambres en bon nombre. Tout à fait ce que son architecte-propriétaire a imaginé le jour de sa première visite à Bayreuth. Et une fois de plus, lorsque le roi est sollicité d'aider de sa bourse à cette construction, il répond d'abord : non, puis se ravise et envoie de l'argent. Mais Wagner demeure inquiet. Il entreprend des tournées de concerts et de conférences, il écrit, il publie des brochures ; cela n'avance guère ses affaires et il ne tombe dans sa caisse que des miettes.

L'année suivante, à l'arrière-automne, il tente derechef le voyage de Munich, car le silence prolongé du roi est malgré tout étrange. Et bientôt il aperçoit les deux obstacles qui barrent sa route. En premier lieu, les dépenses personnelles qu'occasionne à Sa Majesté la construction de ses nouveaux châteaux. Ensuite, la campagne persistante des ennemis d'autrefois, qui cherchent toujours à le perdre dans l'esprit de Louis. Il

Das Wagner = Theater
Nach dem Gemälde vo

Le théâtre wagnérien de Bayreuth en 1873.

nach seiner Vollendung.
auf Holz übertragen.

Dédicace de *l'Anneau des Nibelungen* à Louis II.

voit plusieurs fois Düfflipp, le secrétaire du cabinet, dont il est bien reçu, et lui demande conseil. Mais celui-ci se retranche derrière les lubies nouvelles de son maître. Düfflipp lui révèle alors que le roi ne sort presque plus de sa chambre. Il ne se lève pas avant le soir et déjeune au moment où l'on soupe. Guère plus personne n'est admis en sa présence, sauf le cocher en chef Hornig. Toutefois Düfflipp promet de tenter l'impossible pour obtenir la signature de garantie que Wagner sollicite.

Il faut s'en retourner à Bayreuth avec cette promesse vague et les poches vides. Mais un peu plus tard il commence d'entrevoir le mot de l'énigme : le roi est fâché contre l'artiste pour « raisons personnelles et secrètes ». Wagner s'étonne, s'informe. Impossible d'apprendre la vérité. Düfflipp a dû jurer à Sa Majesté de garder le secret vis-à-vis de Wagner. On finit par inventer un stratagème : le secrétaire royal fera ses révélations à un ami commun, lequel n'aura pas comme lui promis le silence. Et c'est ainsi que Wagner connaît son crime. Voici : il avait reçu l'été précédent un hymne latin, *Macte Imperator*, du poète Félix Dahn, avec prière d'en composer la musique. Plongé dans l'achèvement de son *Crépuscule des dieux*, le musicien n'avait prêté aucune attention à cette demande. Or, il se trouvait que ce Félix Dahn était un protégé du roi, et celui-ci, blessé d'une telle indifférence chez Wagner, prenait maintenant sa revanche. Vengeance d'enfant. Ou peut-être s'agissait-il simplement de prouver à l'infidèle que si son théâtre se construisait à Bayreuth, le *deus ex machina* n'en résidait pas moins à Munich.

D'abord profondément déprimé par un malentendu d'une si inquiétante nature, Wagner se décide quand même à écrire au roi. Il veut savoir ce qui subsiste de son pouvoir sur cet esprit insaisissable et il l'informe que, sans un nouveau bienfait, Bayreuth est condamné. Aussitôt lui parvient la réponse, datée de Hohenschwangau, du 25 janvier 1874 : « Non, non et encore non. Cela ne doit pas finir ainsi. Il faut aller à votre secours. » Quel soupir d'espérance ! Voici presque le ton enthousiaste d'autrefois. Et peu de temps après cette promesse, le trésor royal fait ouvrir en effet à l'administration bayreuthienne un crédit de trois cent mille marks. Toutefois, que ceci soit bien entendu : cette somme est une avance, un prêt, non un cadeau. Tant que Wagner n'aura pas remboursé, Sa Majesté reste propriétaire de tout l'actif de l'entreprise. Entendu. Et d'ailleurs qu'importe ? Quand on est pauvre, il faut bien accepter les concours sous quelque forme qu'ils se présentent. Pour l'instant c'est de quoi reprendre immédiatement les travaux interrompus. Mais les retards sont graves, les incertitudes encore si vives, les difficultés de réalisation d'un ordre de grandeur tel, qu'il va falloir deux pleines années de travail acharné pour parvenir au but.

De son côté, Louis pense avoir repris pied au pays des géants. Il est ressaisi par son ancienne passion. Il veut sa part de ces tournois héroïques. Lettres et dépêches pleuvent à Wahnfried. Artistes, décors, éclairage, machinerie, tout l'intéresse. Mais lorsque l'argent vient de nouveau à manquer, il s'éclipse et se réfugie dans le silence. On parvient à lui arracher encore quelques subsides. Enfin, à la fin de juillet 1876, tout est prêt pour « le grand miracle de l'art allemand » comme l'appelle Liszt. Les habitants de Bayreuth ont accroché à leurs fenêtres le drapeau bleu et blanc. Le chef de gare a fait décorer les quais et orner de fleurs le salon d'attente royal. La ville est en fête.

Dans la nuit du 5 au 6 août, vers une heure du matin, un train formé de deux wagons seulement stoppe en pleins champs, devant la cahute d'un garde-voie. Un homme de très haute taille, un peu fort, en vêtements civils et coiffé d'un chapeau de feutre, met pied à terre. C'est le roi. Dans l'ombre, la lanterne d'un employé éclaire à demi un autre homme, en habit et cravate blanche celui-là, et sa grosse tête grise découverte. C'est Wagner. Sans prononcer une parole, ils se serrent la main et montent en voiture. Il y a huit ans qu'ils ne se sont pas vus. On comprend que les mots soient difficiles à trouver. L'équipage roule dans l'obscurité, emmenant vers le château de l'Ermitage le « Parsifal » d'autrefois et son « Bien-aimé ». Ils s'enferment dans les salons où la petite margrave d'il y a cent ans abritait une loge maçonnique à l'usage des dames galantes. Et dans ce palais en cristal de roche, en coquillages, en perles et en fontaines, leurs cœurs chargés attendent la délivrance. Mais huit ans de malentendus ne s'effacent pas en deux heures d'explication. Et si, au petit jour, Wagner rentre chez lui le front plus clair, pourtant l'inquiétude subsiste, comme chez le roi. L'étape accomplie par chacun d'eux dans la solitude a été trop longue pour qu'un entretien nocturne suffise à rattraper les distances. Ils se sont retrouvés, mais ne se reconnaissent plus. Ils se sont parlé, mais sans se comprendre. Lorsque entre deux êtres l'amour a cessé ses tourments, ni la volonté ni les regrets ne le feront jamais revivre.

Dès le lendemain, cependant, les courriers galopent entre l'Ermitage et Wahnfried, comme aux beaux temps du lac de Starnberg. Mais ce n'est plus de passion qu'il s'agit maintenant, c'est de théâtre. Louis se recueille avant la répétition générale de *l'Or du Rhin*, prologue de la Tétralogie. Et, bien que Wagner espère un peu recevoir à Wahnfried sa visite, le roi ne s'y décide point, par horreur de la foule. Le soir, à sept heures, il emprunte même un chemin de traverse par la forêt et surgit brusquement devant le Théâtre des Fêtes, tandis que le peuple se masse encore dans les rues pour le voir passer. Drôle de roi, pense-t-on. Mais loin de refroidir ses sujets, ce mystère les attire. On ne l'en aime que mieux d'être si peu comme les autres rois, si avare de sa personne, si sauvage et si beau.

Entré dans sa loge, où il va rester seul avec Wagner, Louis demande qu'on en éteigne les lumières. La salle est d'ailleurs à peu près vide, et sombre aussi. Cette dernière des répétitions générales se déroule donc en toute perfection devant les deux poètes. Et le roi en est si content qu'il se laisse à la fin convaincre de rentrer à l'Ermitage en passant par la ville. Ce sera toutefois dans sa voiture fermée. Il insiste sur ce point. Dehors, il est surpris par la densité de la multitude. « Mais, demande-t-il, n'est-on pas complètement prussianisé ici ? » Le carrosse démarre parmi les acclamations et traverse les rues illuminées au milieu d'un vrai délire amoureux. Le roi se dérobe toujours et seuls les enragés, qui font la course à côté des portières, aperçoivent derrière les glaces son pâle et sérieux visage.

Le lendemain, sur sa demande et conformément au conseil de Wagner au sujet de l'acoustique, on laisse entrer le public à la répétition de *la Walkyrie*. De même le jour suivant, pour *Siegfried*. Pendant le *Crépuscule*, lorsque Siegfried entame son chant suprême : « Brunehilde, fiancée sainte, éveille-toi. Ouvre les yeux … », Louis se penche vers l'auteur et murmure cette parole sibylline : « Ceci, Schnorr l'a chanté avant même que vous l'ayez mis en musique. » Confondait-il les dates ? Car Schnorr de Carolsfeld, l'illustre et unique Tristan, était mort en effet avant la composition du *Crépuscule*. Mais non. Ce dont Louis se souvenait – Wagner le comprit plus tard – c'est que les derniers mots du chanteur agonisant avaient été précisément ceux-là, qu'il connaissait par le poème. Et ce roi, pour qui les morts avaient plus de présence que les vivants, savait reconnaître leur voix sous des masques.

Une heure après le tomber du rideau, il remonte dans son train spécial pour retrouver ses montagnes.

Un autre homme quittait Bayreuth à peu près en même temps que lui : Nietzsche. Souffrant dans ses nerfs de la canicule impitoyable, il était arrivé quelques jours plus tôt, frappé déjà d'une sombre inquiétude intellectuelle. Bientôt tout l'agaça : la joviale assurance de Wagner, ses discours aux artistes, sa certitude du triomphe, sa grandiloquence, cette ville oriflammée. « J'ai presque du regret », écrit-il à sa sœur. « Il est insensé que je reste ici. J'ai l'effroi de chacune de ces longues soirées d'art, et je demeure ... » Puis : « J'en ai complètement assez. Tout me torture ici. » Il partit donc vers une petite station balnéaire voisine. Mais il n'y tint pas et revint pour le premier cycle. C'était pis. Il tomba sur des cortèges officiels, des ovations au vieil empereur Guillaume, des fanfares militaires. Était-ce donc à cela que se réduisait la musique qu'il avait tant aimée et le tragique grec enfin ressuscité ? A cette kermesse ? A ces honneurs princiers ? A ces beuveries d'un populaire suant, qui ressemblaient aux fêtes de la victoire d'il y a cinq ans ? Son ancienne foi dans le maître protestait. Quel que soit le public, de quoi s'autorise-t-il pour juger l'œuvre ? Dans cette foule vulgaire et luxueuse, il apercevait encore quelques représentants de l'élite pour qui elle avait été conçue. Mais en son fond même, n'était-elle pas trouble, avec des relents de pourriture ? Il se le demandait, empli d'une angoisse qu'il sentait déjà ancienne. Et une souffrance plus profonde lui venait à la pensée de devoir peut-être non seulement renier cette œuvre sur laquelle il avait vécu et grandi, mais encore de perdre Wagner et Cosima.

Le dernier soir, le compositeur parut sur la scène devant une foule enivrée de cette ivresse dionysiaque que Nietzsche, assurément, ne s'était pas représentée ainsi. Il prononça alors les paroles fameuses : « ... Ce que j'aurais à vous dire peut se résumer en quelques mots, se formuler en un axiome. Vous venez de voir ce que nous pouvons faire ; c'est à vous, maintenant, de le vouloir. Et si vous le voulez, nous aurons un art. » Au banquet qui s'ensuivit, il commenta ses paroles et les aggrava : « Je n'ai pas voulu dire que nous n'avions pas eu d'art jusqu'à ce jour. Mais il a manqué aux Allemands un art national, tel que le possèdent, malgré des faiblesses et des décadences passagères, les Italiens et les Français. » C'était tout le contraire de ce que pensait et voulait Nietzsche. La musique allemande n'avait-elle pas fastueusement coulé pendant tout le XVIIIe siècle ? Il s'agissait d'élargir le fleuve divisé en mille ruisseaux, non de le déverser dans le lac wagnérien. C'est un « bon Européen » qu'il fallait être, selon le mot de son vocabulaire, et non un bon Allemand. Comment deux esprits droits avaient-ils pu pareillement se méconnaître ? Pourtant il voulut payer sa dette. Et malgré une contrainte insupportable, il s'obligea de rédiger son *Richard Wagner à Bayreuth*.

Mais à partir de ce temps, le philosophe sera délivré. Wagner est l'homme que Nietzsche a le plus aimé. C'est aussi celui qui l'a le plus cruellement déçu. La déception balançait cet amour illusoire. L'équilibre ainsi rétabli, Nietzsche désormais se sentira libre. Dans le cours de ce même été, il dira à ses élèves de Bâle, à propos de Socrate : « Socrate constate que la plupart des hommes, les plus grands et les plus célèbres avant tous les autres, vivent dans l'apparence et les ténèbres. Ils sont enfoncés dans l'illusion. Leur grandeur ne vaut point, car elle repose sur l'illusion et non sur le savoir … »

Une seconde fois, dans la nuit du 26 au 27 août, le train aux deux wagons s'arrête devant la même cabane de garde-voie, et Louis en descend. Il revient incognito à Bayreuth, pour assister aux trois derniers jours de spectacle. Mais il n'échappe pas aux ovations, cette fois, et il lui faut un soir paraître au balcon de sa loge pour répondre aux vivats et aux applaudissements. Dure corvée. Il s'y soumet pour honorer Wagner. Puis, le rideau baissé sur la scène finale, il s'enfuit en maudissant les porteurs de lampions qui ont eu la fâcheuse idée de former la haie, de l'Ermitage jusqu'à son train.

Wagner aussi retombe maintenant, épuisé. Quand la cohue s'est dissipée et que les derniers artistes ont enfin quitté Bayreuth, il s'embarque pour l'Italie. L'œuvre de sa vie est achevée. Il n'y manque plus que la gemme mystique, ce *Parsifal* auquel il travaille déjà avec une joie amère. Mais peut-être fallait-il à ce tempérament fiévreux le harcèlement continuel de l'échec.

Bientôt lui parvient à Sorrente une fâcheuse nouvelle : malgré l'afflux des visiteurs, le festival se clôt sur un déficit de cent cinquante mille marks. Tout est donc à recommencer. Qu'à cela ne tienne, il recommencera. Et déjà le petit athlète furieux se remet à sa table pour écrire au roi Louis … Mais Sa Majesté a bien autre chose en tête que les opéras de son vieil ami. Elle a les siens. Et ils coûtent cher. Plus cher, cent fois, que ceux de ce troubadour. Louis projette justement de construire Herrenchiemsee, le château qui symbolisera « la gloire ». Son Versailles. Et quand le secrétaire de son cabinet, s'épouvantant de cette dépense à laquelle il ne peut faire face, lève les bras au ciel et demande à quoi bon ce nouveau palais destiné comme les autres à loger des fantômes, son seigneur lui répond : « Car tel est notre bon plaisir. »

Portrait de Louis II, grand-maître de l'ordre de Saint-Georges.

Le château de Herrenchiemsee.

La galerie des glaces à Herrenchiemsee.

Le portrait de Louis XIV, dans la salle du Conseil
à Herrenchiemsee.

La chambre royale à Herrenchiemsee.

La lune des apparences

Qui a beaucoup aimé veut sa maison grande au plus comme un cœur. Pour tenir prisonniers des souvenirs hauts comme le ciel et plus colorés que tous les appels aux voyages affichés dans les gares, on se souhaite une villa de poche dont rien ne puisse jamais s'échapper. Quelque chose comme un yacht piqué dans un bois, au bord de l'eau. Trois cabines vernies au ripolin. Mais que tout y soit nous-même, l'âme de notre chair, l'album de nos plaisirs passés. Le seul avenir d'un grand amour étant la mort, c'est sa tombe étroite que nous parons de roses. Laissons aux pauvres princes leurs palais sonores. Ne leur envions pas les salles où ils convoquent des fantômes qui n'eurent jamais les battements de la vie. Ne leur disputons pas — ni à tous ceux qui les singent — leurs galeries de bustes, leurs marbres, leurs fauteuils dorés, leurs gobelins, et les trois styles des Louis de Versailles. Les amants, chargés de prodiges vécus, toujours travaillés de tendresse, jamais tués, se suffisent de l'espace qu'il faut pour étendre leur corps près d'un autre. Œil contre œil, voilà leur horizon. Une bouche vaut toutes les musiques et un beau torse toutes les architectures.

Les châteaux de Louis II restent vides d'amour. Ce sont en général les vieux qui construisent, afin d'allonger leurs années sans chaleur. Louis XIV fait exception à la règle ; mais faut-il admettre qu'il a bâti Versailles pour son seul plaisir, non pour étonner La Vallière et séduire la Montespan ? Herrenchiemsee n'a même pas pour se défendre un si mince prétexte. Riche monument de l'orgueil, et tout chargé des naïvetés bavaroises, cette fantastique « copie » n'assouvit en Louis que des passions froides. Il n'a ni homme ni femme à conquérir ou à garder. Simple cadeau fait à soi-même, pour se convaincre peut-être d'une puissance qu'il ne parvient plus à sentir qu'en faisant monter du sol ces palaces de milliardaire. Mais si un paysage ne se révolte pas – pas plus que ne se défend un arbre dont on scie le pied – il y a toutefois d'obscures malédictions de la nature contre ses tortionnaires. Ce grand lac de Chiemsee, son île déshonorée où éclatent les blancheurs du simili-Versailles, ces Alpes douloureuses, s'inscrivent en faux et crient leur plainte contre le Fou. Il ne les entend pas. Il n'a en tête que l'orchestration de plus en plus stridente de sa gloire dévirilisée. Qui ne peut créer, imite. Qui ne peut aimer, tourmente. Louis II inaugure à Herrenchiemsee l'ère la plus décevante de sa magnificence, comme il accède aussi à l'étage calfeutré des voluptés cruelles.

Une façade de cent trois mètres de long percée de vingt-trois fenêtres monumentales ; un escalier de trente-cinq mètres sur treize de large ; une chambre à coucher de quatorze mètres et une galerie des glaces qui en compte soixante-quinze, voilà les chiffres qu'il impose à ses architectes. L'or et le marbre sont prodigués, les tableaux commandés par grosses. Il s'y voit, comme à Versailles, les quatre éléments, les quatre saisons, les quatre parties du monde, les bustes de Condé, de Turenne, de Villars et de Vauban. De plus : la Paix, la Guerre, les Arts, les Sciences, le Droit, l'Agriculture et le Commerce, la Sagesse et la Justice : un bâtiment d'exposition. Partout les lys de France. La galerie des glaces a dix-sept fenêtres et, se reflétant dans les miroirs, plus de deux mille chandelles. La chambre à coucher du roi est ce qu'il a pu concevoir de plus précieux. Un seul trône : le lit, sur une estrade, entouré d'une balustrade d'or sculpté. Il est recouvert d'une broderie à laquelle vingt ouvrières vont travailler pendant sept ans. L'or rayonne de plus belle, comme le soleil de l'Autre, ou comme le trésor maudit du Nibelung. Il éblouit jusque dans la salle du Conseil, où ne s'assembleront jamais pourtant d'insignifiants bourgeois ministres. Les seuls invités du roi à Herrenchiemsee sont Mmes de Montpensier, de La Vallière, de Montespan, de Fontanges et de Maintenon. Quelques artistes à l'occasion : Corneille, Racine, Molière et La Fontaine ; MM. de Voltaire et de Beaumarchais, Favart, Greuze, Boucher, Delille … « Ceux-là, dit-il, font ma société la plus chère ; ils viennent et disparaissent quand je le veux. » On a même garni la salle des glaces d'orangers véritables, arbre favori de l'homme de Versailles. Louis, certain jour, cueille une orange en passant, et la trouvant attachée à sa branche par une tige de métal, il entre dans une rage énorme, la projette contre une glace en s'écriant : « Tromperie ! Tromperie ! » Ce qu'il veut, c'est du vrai, de l'authentique. Quand on s'appelle Ludovicus Rex, on n'a que faire de simulacres. Et, devenu méfiant, il enfonce son parapluie dans un groupe de marbre, lequel se trouve être en plâtre. Nouvelle furie. Pour se venger de telles insultes, Sa Majesté accentue la dépense en faisant planter dans le jardin à la française des milliers de tulipes, de roses, de lys et de jasmins. Il lui faut aussi son « Œil de bœuf » et sa statue équestre. Le sculpteur Perron est appelé, et l'on va quérir le cheval qui porta naguère le prince enfant dans ses galopades en forêt. On le trouve au Théâtre, dont il est pensionnaire, devenu Grane en personne, le coursier de la Walkyrie ! C'est un brave animal, fort connu du public et qui pose avec joie. Dès qu'il arrive à l'atelier du sculpteur, ce figurant consciencieux, bien dressé par Wagner, met ses deux pieds de devant sur un trépied et ne bouge pas plus que chez le photographe. Mais si Grane est un modèle parfait, Pégase, en revanche, est détestable. Ses ailes ne veulent jamais tenir et il faut à la fin renoncer à les lui mettre. Quel présage ! Peu importe. Ici Pégase n'est qu'un attribut, comme à Meicost-Ettal Atlas portant le monde, ou comme à Neuschwanstein les chevaliers. Herrenchiemsee est placé sous le signe des paons. Il y en a dans le vestibule d'entrée un groupe monumental, commandé à Paris, tout de bronze et d'argent. Le paon, tel est le symbole dernier de la solitude royale et d'une gloire parée seulement des yeux bleus et verts de la vanité.

Louis s'enchante de ces hôtes en métal. Ils lui suffisent. Qu'est-il besoin des vivants dans leurs ternes et ridicules vêtements lorsqu'on peut se procurer à peu de frais ces courtisans en costume de gala ? Car le troupeau humain lui répugne toujours davantage. Il ne reçoit même plus ses ministres et traite par lettre les affaires de l'État. Ses montagnes lui sont un continuel refuge et il habite de préférence des chalets qu'il s'est fait construire très haut, aussi loin que possible des villes. « Je ne peux vivre dans l'odeur des caves. Mon haleine est liberté ! » Il en sort rarement, et seulement pour ses voyages d'entrepreneur, activant les ouvriers, pressant les géomètres, demandant comme Louis XIV à quoi l'on avait travaillé depuis sa dernière venue et se faisant promettre qu'en un jour « tout l'ouvrage serait fait ». Tant de hâte pour de brèves satis-factions, car Louis II ne passa jamais à Herrenchiemsee plus de dix jours par an. Il préféra toujours ses anciennes résidences de Berg et de Hohenschwangau.

La musique et le théâtre, il les aime encore, mais ne supporte plus le public. Les lorgnettes des curieux l'exas-pèrent. On entoure sa loge de rideaux. Mais cela ne suffit pas, aussi décide-t-il d'instituer, une ou deux fois par mois, des représentations dont il sera le seul spectateur. Et c'est ainsi qu'au cours de ces années, une série de pièces sont jouées pour l'auditeur solitaire, le juge pointilleux, qui, du fond de sa loge de velours grenat, pèse son plaisir avec sérieux. Trois sortes d'ouvrages seulement l'intéressent : les drames de Wagner, ceux de Schiller, et les grandes machines historiques que des fabricants médiocres, mais malins, confectionnent avec les épisodes et les person-nages de l'histoire de France. Louis XIV, Louis XV, Mme de Pompadour, Marie-Antoinette, l'impératrice Joséphine, tels sont les héros dont quelques poètes besog-neux savent tirer parti, certains de voir leurs œuvres montées et applaudies par cet unique claqueur. Car ce qu'il cherche dans ces spectacles, ça n'est point les idées, ni même une action forte – Wagner l'en a saturé pour jamais, – c'est la vérité historique, la reconstitution d'un temps et d'un milieu. Il veut *voir* ses modèles, les entendre parler, en quelque sorte les recevoir chez lui. S'il fait jouer souvent *Lohengrin, Tannhäuser, Aïda* (avec la « Siegfried Idylle » en guise d'ouverture), *Guillaume Tell, Marie Stuart, la Pucelle d'Orléans*, ses pièces préférées sont de MM. Schneegans et Karl Heigel. Elles ont pour titres et sujets : *la Comtesse Du Barry, le Comte de Saint-Germain,*

Un Ministre sous Louis XV, la vieillesse d'un Grand Roy,
Un bal sous Louis XV, les Contes de la Reine de Navarre,
la Jeunesse de Louis XIV, la Duchesse de Châteauroux,
l'Esther de Racine à Saint-Cyr, le Duc de Bourgogne, le
Cardinal Alberoni. On voit qu'il s'agit d'une compagnie
choisie.

Pour cette *Esther à Saint-Cyr,* Sa Majesté témoigne
d'une attention singulière. Sujet et caractères ont sa particulière faveur. Aussi Heigel a-t-il fait de son mieux en
montrant les jeunes demoiselles de la célèbre institution
allant et venant sur une scène en plein air, éclairée par des
lampions et des flambeaux, tandis qu'au premier rang, sur
des fauteuils dorés, sont assis le Grand Roy et ses hôtes :
la reine d'Angleterre et le jeune prince de Galles. L'effet
est excellent. Louis XIV se voit de profil, à la première
place, puis viennent tous les courtisans par ordre de digni-
tés, comme si M. le duc de Saint-Simon lui-même avait
réglé le protocole. Du moins le croit-on. Louis II paraît
satisfait et envoie dire par deux fois au directeur Possart
que le personnage de Louvois a sa complète approbation.
Toutefois, le rideau tombé, Possart est prié par un officier
d'ordonnance de ne pas rentrer chez lui encore, parce que
Sa Majesté va lui fournir tout à l'heure la preuve qu'il a
commis de graves erreurs de mise en scène. Et en effet, un
serviteur lui apporte bientôt un gros livre français où le
roi a coché certaines pages. Il en ressort clairement que les
représentations raciniennes n'avaient point lieu dans le
parc, mais dans le grand vestibule d'entrée de l'institution ; ensuite, que Louis XIV devait être assis à droite du
petit prince de Galles et à gauche de la reine ; Madame la
dauphine et le duc d'Orléans à côté de ceux-ci ; les demoiselles de Saint-Cyr et leurs maîtresses enfin, s'étager de
droite et de gauche, tandis que la cour se groupait derrière

les princes. Tout est donc à reprendre afin de parvenir à cette difficile, mais essentielle ressemblance. Et le roi Louis demande au directeur un décor neuf et une disposition plus régulière pour une nouvelle représentation, qu'il fixe au surlendemain. Possart objecte que le placement exigé ne permettra plus au roi de voir le visage de Louis XIV, ni celui de la reine d'Angleterre. Et à trois heures du matin il reçoit un nouveau billet l'informant qu'il est absolument indifférent à Sa Majesté de voir ou non ces figures augustes, mais qu'il lui importe avant tout de faire respecter la vérité historique.

Que d'hommes, d'argent, de soins dépensés en réalisations artistiques de qualité si fâcheuse. C'est qu'il ne s'agit plus du tout d'un art visible. La forme donnée maintenant aux choses par ses amours n'est plus beauté que pour le seul Louis II. N'est-ce pas son droit ? Et qui nous dit qu'il se soit trompé ? Notre goût ? Je le veux. Mais où prenons-nous qu'il est infaillible ? L'idée d'insérer dans un film la poésie eût fait sourire il y a vingt ans. Aujourd'hui, cette poésie – la même qu'autrefois on enveloppait dans les mots, – elle nous revient en vivantes images. On n'écoute plus un poète, on le regarde. Il écrit sa pensée en gestes, en mouvements de physionomie. Nous lisons sur l'écran le jeu secret de la vie, que nos yeux ne voyaient pas.

Ainsi de Louis le Bavarois. Il aimait le fantastique, le surchargé. Il aimait les porcelaines qui ne représentent rien, mais dont les formes baroques agitaient en lui tout un peuple de possibilités naines. Son porte-plume, il le voulut si chargé d'ornements qu'il devenait incommode de s'en servir. Tant mieux : il n'écrirait plus. Il avait un goût prodigieux pour les broderies et se fit faire une couverture si lourdement bosselée d'or, que se coucher

dessus était une sorte de supplice. Délicieux. Il affection-
nait les pendules, les montres, et s'en commanda des
douzaines, en onyx, en émail, en lapis, en pierreries, avec
des portraits incrustés de diamants. Prétexte impérieux
d'imposer à ses personnels innombrables une exactitude
dont il restait seul à savourer le comique. Il aimait les
statues et en plantait partout, quitte à se détourner d'elles
pour ne pas les voir. Mais en tel lieu, à telle heure, il se
découvrait la tête devant un arbre. Il aimait les miroirs, les
ivoires, les jades, les écailles les plus finement ciselés, et
occupait ses heures à les contempler. Non point pour leur
beauté, mais pour la perfection du travail, la réussite de
l'ouvrier. C'est dans les objets de cette sorte qu'il touchait
la vérité des choses, le contraire de la « tromperie ». Il
écoutait, regardait et palpait un monde que n'éclairait
plus le soleil de la raison, mais la lune des apparences. Et
c'est peut-être cette autre couleur de la lumière, cet envers
du jour, que l'on appelle Folie.

Attend-on d'un tel homme qu'il peuple de députés et de
ministres ses salles de Conseil ornées en vue d'une assem-
blée illustre ? Les « fadaises d'État » ne méritent pas ces
cadres d'or ; que le vent emporte plutôt les paroles légères
des secrétaires de cabinet et celles des chefs de gouvernement. Louis reçoit ces messieurs dans ses montagnes, sur
un pré, aux alentours du chalet d'un garde-chasse. Par
quelque frais matin de printemps, des ordres parviennent
subitement sur ces hauteurs, une table est dressée en plein
air, recouverte d'un tapis de fortune ; des chaises de paille
sont placées au-devant. On entend bientôt les sabots des
chevaux et le roi paraît, suivi de cochers et de piqueurs
foulant les violettes. Ils mettent pied à terre. Le roi
s'avance seul, s'assied à la table en costume de voyage, un

bonnet écossais à rubans sur la tête. Les laquais s'alignent
à distance, tenant les chiens en laisse, puis M. le chef de
cabinet s'approche à son tour, en habit et cravate blanche,
son portefeuille à la main et sous le bras son chapeau
claque. Il expose les affaires courantes. Sa Majesté les
discute avec âpreté, critique ou acquiesce, et appose sur les
documents qu'on lui présente sa grande signature calligra-
phiée. Cela s'expédie en peu d'instants. Puis l'homme des
bureaux s'incline et repart vers la capitale.

Le roi s'entretient alors avec son garde, s'informe des
choses de la forêt, de l'hiver aux deux tiers fondu, du petit
ménage qui vit ici dans la solitude, et il défend une fois de
plus tout coup de feu sur les bêtes. L'idée de la mort dans
ces refuges alpestres lui est abominable. Que là-bas, dans
la plaine, les hommes se détruisent et crèvent comme
mouches, c'est leur affaire. Mais sur ces hauteurs où
errent seuls quelques chèvre-pieds gardiens de troupeaux,
le travail, la haine et la mort rempliraient d'une stupeur
pathétique l'œil naïf de la nature. Comme, si haut, tout
redevient chaste ! Ces laquais qu'il se reproche maintenant de maltraiter parfois d'une cravache trop précise,
quels beaux enfants fiers et sains tout de même ! Beaux
amis proches de son cœur. Il s'assure que la voiture minis-
térielle est partie pour de bon sur la route qui dégringole.
Et alors une joie le soulève. Il appelle le cocher Hornig
– celui qu'à Munich on nomme le chancelier, – devant
tous il le tutoie, exige d'être tutoyé aussi, et veut que là,
sur l'herbe, tout de suite, on joue à la bague ou à colin-
maillard. Il veut qu'on boive : et des bouteilles surgissent.
Que l'on soit heureux : et les visages s'animent. Parmi ces
simples il est un simple. L'humilité s'insinue en lui comme
les parfums de cette matinée de hasard, car il ne se lève
d'ordinaire qu'au soleil couchant. Il rit, il joue avec ces

garçons intimidés et brusques ; il les frappe sur l'épaule, il
caresse leurs mains inhabiles à la douceur. Et tout à coup
s'arrête net, essuie la sueur qui perle à son front. « Moi, le
roi ! Est-ce possible ? ... »

Revenu à sa stature royale, il s'effraye devant lui-même,
change de figure et remonte à cheval suivi de cette meute
encore ivre. En un instant, la cavalcade interloquée a
disparu derrière les branches.

La complication en tout ceci, c'est ce *moi* sans fixité.
Les hommes, pour la plupart, ont identifié leur moi, en
ont repéré les écarts secrets, tiennent d'une main plus ou
moins ferme la bride qui calmera ses galops. En mettant
les choses au pire, ils savent qu'il existe des barrières et des
garde-fous autour de la piste où piaffe leur bête. Mais
pour Louis il n'y en a pas. Il caracole sur un plateau à pic
au-dessus du vide. Toutes barrières abattues, rien ne le
retient de sauter où le porte le hasard. Tant de liberté lui
coupe les ailes. Au moment de chaque départ, il s'arrête.
Car où aller et pourquoi ? Il faut une volonté ou un sentiment pour orienter le plus faible désir, tout au moins un
semblant d'appétit. Mais que convoiter lorsqu'on n'a plus
faim ? Ah ! que les hommes ne savourent-ils leur bonheur
d'être jaloux, douloureux, passionnés, nus, et tout ailés
par leurs espoirs !

Louis a perdu le pouvoir d'aimer et de souffrir. La
racine est partie avec le mal. Et même ses facultés d'amitié
en sont épuisées, comme si cet arrachement avait entraîné
tout le sol où eussent pu prospérer ces plus faibles tiges. Il
a abandonné sans regret ce beau prince Paul de Tour et
Taxis, naguère chevalier du cygne, et maintenant réfugié
en Suisse sous un faux nom, bassement marié, et traînant
une existence misérable. Il a lâché le baron de Hirschberg,

avec qui l'on causait pourtant si bien pendant des nuits entières. Nachbaur, le chanteur, lui plaît pendant un peu de temps. Il lui adresse quelques lettres où se retrouve comme un écho vague des exaltations passées. Puis il l'oublie. C'est le tour ensuite de plusieurs femmes. Lila de Bulyowsky, par exemple, l'actrice qui joue au théâtre les Marie Stuart et les Juliette. Pendant une saison ou deux, Louis la couvre de présents, de fleurs, et lui écrit tout un paquet de ces lettres délirantes qui sont comme la soupape par où s'échappent, de distance en distance, ses ardeurs compressées. Mais écrire suffit à les apaiser. Il signe Mortimer ou Roméo. Il joue son personnage. Il est l'acteur secret de drames passionnels où la volupté se résout en pages d'écriture, où les caresses brûlent, mais le seul papier. Et subitement il se dégoûte d'une âme pétrissable comme la chair ; d'une femme que des joies plus réelles possèdent peut-être – ou l'ambition, – et il la rejette avec des mots insultants. Marie Dahn-Haussmann lui succède. Un noble et maternel esprit, à ce qu'il semble. Ils échangent aussi toute une série de lettres, mais plus calmes, et où s'écoute l'immense désir de cet homme de rencontrer enfin un cœur sans bassesse. Sous une forme différente, c'est encore son besoin de beauté, son élan vers l'incorruptible. Malheureusement, Marie Dahn est presque grand-mère … Cela ôte quelque chose à l'illusion.

Louis fait un nouvel essai avec la cantatrice Joséphine Scheffky, dont la voix est un pur ravissement. La voix seule, car, pour le reste, cette forte personne ressemble à une servante de brasserie. Mais une voix si convaincante atteint presque aux régions de l'idéal. Le roi la fait chanter chez lui, derrière un écran de plantes vertes. Un jour, Joséphine apporte à Louis pour sa fête un beau tapis d'Orient, et, selon l'usage, accepte que la cassette royale lui en rembourse le prix. Mais cette maladroite croit pouvoir profiter des circonstances pour surcharger la note. La ruse est éventée ; Louis entre dans une colère terrible et le pauvre rossignol ne perd pas seulement pour toujours son écouteur magnifique, mais jusqu'à son plumage officiel : elle est chassée du Théâtre de la Cour.

Décidément, seuls les êtres beaux de corps ou de visage ont quelque chance d'avoir l'âme belle aussi. Louis choisit maintenant ses ministres d'après leurs photographies. Mais il ne les reçoit malgré cela qu'avec une grandissante répugnance, se cache derrière un paravent pendant l'audience, ou même leur fait donner ses ordres par des billets qu'il dicte à ses domestiques. Il les relit à peine, corrige de sa main l'orthographe défectueuse et juge qu'il est inutile de les faire recopier au net, puisqu'ils portent sa signature. « Moi, le Roy », ou « Yo, el rey », en dit assez long.

Que le Parlement lui vote chaque année sa liste civile et lui fournisse les millions dont il a besoin pour construire ses châteaux, c'est tout ce qu'il demande aux législateurs. Le monde politique lui demeure complètement étranger. Sa famille aussi, du reste. Sa mère, qu'il n'a jamais aimée, il l'appelle à présent « l'épouse de mon prédécesseur », ou bien « le colonel du 3e d'artillerie ». Son frère Otto est enfermé comme fou : à quoi bon lui rendre visite ? Ses cousins et cousines ont rompu tous rapports avec lui, sauf toutefois Elisabeth d'Autriche. Mais la « colombe », devenue comme lui une perdrix des rochers, elle aussi se soustrait de plus en plus aux hommes dans les régions glacées, sans pitié et sans tendresse, où elle se réfugie. Jamais Louis n'a été si seul. Jamais cette solitude ne lui a été si nécessaire. Personne ne doit l'approcher de trop près durant ces crises, qui le chassent toujours plus haut dans ses montagnes. Ses laquais ont ordre de tenir devant lui les yeux baissés. On ne doit ni regarder, ni toucher le roi. Plus de médecin, de chirurgien, plus même de dentiste. Et qu'importe que ses dents se gâtent, se déchaussent et lui tombent de la bouche par l'abus des sucreries ? La beauté chez les princes est un luxe inutile. C'est dans le peuple seulement qu'elle est nécessaire. Mais l'Autrichienne, sur ce point, ne pensait pas comme lui. Elisabeth soignait son corps de païenne et l'assouplissait par toutes sortes d'exercices. Elle regardait jaillir chaque matin, dans sa glace de la Hofburg, ses jambes d'écuyère, sa poitrine de gymnaste, ses longs bras amoureux fleuris de ses doigts nus. L'impératrice avait fait du prolongement de sa jeunesse l'une des deux tâches de sa vie. (L'autre étant de parvenir – par la connaissance la plus lucide possible – au mépris absolu de l'espèce humaine.) Le Bavarois, en revanche, ne se soucie plus de sa figure ni de sa ligne. A trente-cinq ans, le voici tout épais de visage, le col puissant, les yeux noyés, et son long corps – autrefois celui d'une demoiselle – déjà monumental. Le plus élégant des dieux du Walhalla wagnérien est devenu un Fafner terrible. Lorsqu'il gravit ses sentiers de montagne, le peuple dispersé des hameaux le suit de loin avec une surprise effrayée. On le regarde s'arrêter, souffler, éponger son énorme front, jeter sa tête de côté comme l'oiseau qui épie, puis repartir de son pas bizarre et théâtral.

Tout en haut du Schachen, dans les monts du Wetterstein, il s'est fait construire un triste chalet mauresque, à deux mille mètres au-dessus du niveau de la mer. Nid d'aigle où le roi vient fêter tout seul l'anniversaire de sa naissance, le 25 août. C'est là qu'un jour, Louis et l'un de ses gardes-chasse causant ensemble dans le salon ouvert sur la montagne, y virent entrer un bouquetin sauvage.

L'animal avança, prit peur, et fonça brusquement contre une glace, contre les sièges, les porcelaines ... Le garde voulut s'élancer, mais le roi le retint ; et comme le brave homme s'étonnait et demandait à son maître pourquoi il laissait le bouquetin saccager ses trésors : « Parce que cet animal ne ment pas », dit-il. Réponse qui dévoile dans cette âme les plus profondes fissures de la sensibilité. Comprendre les bêtes de cette manière, sans chercher à les punir pour les *dresser* ou en tirer vengeance, n'est pourtant donné qu'à ceux d'entre les hommes qui ont de l'amour une intelligence parfaite.

Seuls les humains échappaient à son imagination et lui faisaient peur. Les politiciens surtout, les démocrates, qu'il prenait tous pour des anarchistes. Mais pas les bêtes, pas la nature. Il était l'ami des orages, de l'hiver, de la neige, de la nuit. Ses cochers et ses postillons tremblaient souvent lorsqu'il fallait atteler le traîneau de gala à une heure du matin et s'élancer sur les routes dont les traces s'effaçaient sous les flocons frais. Il n'écoutait pas leurs craintes. Assis en plein vent dans le berceau d'or empanaché de plumes d'autruche, il ne les entendait pas gémir de froid sous leurs livrées Louis XV. Il s'en trouva qui pleurèrent de douleur tout haut. Hornig et Hesselschwerdt, les deux fidèles, suppléaient aux défaillants, ou chevauchaient en éclaireurs. Louis rêvait dans son paletot d'été. Il s'amusait de la lune. Il comptait les chouettes. Il tirait des plans pour un *nouveau* château : Falkenstein, le quatrième et dernier de sa Tétralogie. Falkenstein, nid du faucon. Cela s'élèverait tout en haut d'un rocher, mêlé à lui, faisant corps avec lui, symbole gris, carré, sourd, de la solitude. Quelle splendide matière à rêverie il allait fournir encore aux artistes ! Quelles musiques pour l'esprit ! Mais si son ministre lui refusait les crédits ? Car il faut toujours compter avec les imbéciles … Alors il mourrait, c'est bien simple. Il se tuerait. Et, de retour dans son cabinet à l'aube, il écrit au secrétaire d'État Burkel : « Si je ne puis plus bâtir, alors je ne puis plus vivre. » Il s'agit de réagir contre de si sottes pensées. Reprenant aussitôt la plume, il s'apaise en donnant des ordres : « J'entends qu'on me procure le plus tôt possible les dessins des traîneaux impériaux. » — « Envoyez-moi aussitôt des estampes montrant l'intérieur du château de Saint-Cloud. » — « La photographie de Braun, d'après l'eau-forte qui représente Marie-Antoinette descendant de voiture devant l'hôtel de ville étant plus petite que l'original, le photographe Albert se rendra tout de suite à Paris, chez MM. de Goncourt, pour en tirer une épreuve nouvelle, de dimension authentique. »

Une des choses qui l'agace le plus, c'est d'entendre estropier les noms ou les mots français. Il est las de sa langue, de son peuple, de cette terre trop bien connue. Parfois, la nuit, il se costume secrètement en roi de France, sceptre en main et couronne sur la tête. Un grand projet le tourmente : celui de fonder quelque part, très loin, dans un pays de « luxe, calme et volupté », une monarchie absolue. M. le conseiller intime von Löher est envoyé aux frais du roi dans les contrées d'au-delà des mers pour découvrir et négocier l'achat de cette Thébaïde. « Et comment la payera-t-on ? » demande Hornig. Alors Louis se redresse de toute sa taille et murmure à l'oreille du chancelier-cocher un secret épouvantable : « En vendant la Bavière ! »

Mais M. le conseiller von Löher, de retour de voyage, informe Sa Majesté qu'il n'a trouvé nulle part de royaume disponible.

Parenthèse

Du fond de sa prison de Reading, Oscar Wilde écrivait : « Quand vous désirez réellement l'amour, vous le trouvez qui vous attend. » Il me paraît que c'est là une espérance de solitaire. Ou une parole d'artiste. L'amour n'a guère de ces complaisances, même envers les méritants ou les abandonnés. Et pourtant il existe des énamourés de l'amour. Il en est parmi nous qui l'attendent toute leur vie. Certains possèdent le visage de l'amant, et l'amour passe devant eux sans les voir. D'autres naissent avec un cœur affamé, mais personne ne les rassasiera jamais. C'est le très petit nombre seulement que l'amour touche de sa main d'abord fraîche, caressante et douce comme une lèvre, puis chaude, bientôt brûlante, insupportable jusqu'à n'être plus qu'une atroce douleur. Mais pour cette étreinte, chacun est prêt à affronter n'importe quelle souffrance. Les beaux visages accepteront d'enlaidir. Les cœurs qui ont faim se jetteront sur les plus trompeuses nourritures.

C'est qu'il y a au fond de toute âme le pressentiment que la douleur seule l'éveillera à la vie, qu'elle seule est capable de notre perfection. L'amour, guetté d'abord comme un suprême plaisir, n'est bientôt que prétexte à des tourments fièrement consentis, parce qu'ils nous rachètent à nos propres yeux de la servitude du facile. Quand toute religion est perdue, toute foi impossible, tout espoir déçu, tout pouvoir épuisé, il nous reste cette vénération pour le supplice qui produit parmi les hommes les derniers miracles. Inconsciemment, ils l'honorent. Ceux-là même le recherchent qui pensent ne poursuivre que la volupté. L'impuissance véritable est de ne pouvoir supporter la douleur. Elle est plus grande que l'amour, parce qu'elle contient l'amour. Ce n'est pas pour une autre raison que le Christ s'est appelé l'Homme de Douleurs. Tout homme d'amour est un homme de douleurs.

En écrivant l'histoire de Liszt, je ne vis d'abord que l'homme d'amour, un cœur naïf et enthousiaste dont la candeur même, la pureté, expliquaient le pouvoir. Mais en enfonçant dans cette existence embroussaillée, je m'aperçus qu'elle allait tout droit vers la douleur. Liszt avançait vers elle d'un pas d'abord prudent et comme effrayé. Tant de joies fleurissaient les salles combles du succès qu'il paraissait presque imbécile de ne pas les cueillir toutes. Mais tout de suite je le voyais inquiet et jetant à la souffrance son regard inquisiteur. Déjà il s'arrêtait sur sa voie facile, obliquait vers le danger, et, enjambant les plus traîtres obstacles – la gloire et la pitié – s'élançait à la recherche de lui-même. Alors il rencontrait la douleur et ses suivantes : le sacrifice, le renoncement, l'injustice, l'incompréhension, les sarcasmes, la pauvreté. Mais il persistait. Car qui a connu la saveur de son propre sang et le sel de ses larmes n'y renonce pas aisément. Il a reconnu que le seul mystère et la vraie beauté ne sont qu'en soimême. A partir de ce moment, Liszt devint capable de s'exprimer, d'inventer son accord, sa dissonance, d'écrire son poème. Et, parce qu'il n'y pensait pas, il nous a proposé de surcroît son exemple. Par là aussi il fut artiste et créateur. Virtuose inégalable, s'il s'était contenté d'être le premier mécanicien de son siècle, il n'eût subsisté de lui que le souvenir de l'homme d'amour, ses transcriptions et ses rhapsodies. Mais l'homme de douleur nous a légué sa Sonate et sa vie.

Examinant maintenant l'histoire de Louis II de Bavière, nous nous trouvons devant le problème exactement inverse. Toute son enfance avait mariné dans la haine. Choisi par le hasard pour porter une couronne, il n'eut d'ambition et même d'intelligence que par son imagination. Dans ce palais des miroirs, tous les paysages s'étiraient en hauteur, tous les visages en platitude. La vérité lui parut laide ; la grandeur, infiniment petite ; la force, offensante ; et quant à l'amour, comme personne ne lui en avait jamais montré, il l'inventa et le fit sortir tout paré de sa tête. Cela explique un peu comment cet adolescent au visage angélique s'éprit d'un vieil homme sans beauté et le combla d'une passion de vierge. Éveillé subitement, il naquit à l'amour en femme, non par les sens, mais par le rêve. Toutefois, la douleur fut absente de ces noces. Et donc la volupté. Tout le renversement intellectuel qui en marqua la suite a son départ dans ce petit fait : il passa au large de la douleur. Il ne la reçut jamais. Il l'écarta de ses palais comme une intruse. L'unique guerre qu'il ait jamais conduite fut contre elle. Aussi a-t-elle fini par tirer de lui de terribles vengeances. Il ne put jamais rien vivre jusqu'au bout, jamais rien vouloir, jamais rien accomplir. Créer lui devint par excellence l'acte contre nature. Car pour être apte à créer, il faut savoir souffrir, fût-ce dans son amour, dans son orgueil, dans son intelligence, fût-ce de se découvrir petit. Et de tels risques, Louis ne les courut pas. Il vit partir Wagner et ne le retint pas. Il n'aima point son peuple. Il défendit mal sa couronne, et pas du tout ses amis.

Tout son pathétique, son art, son amour, fut son extraordinaire talent pour l'illusion. Il atteint par là jusqu'au génie. Ses pauvres châteaux sont de terribles drames quand on y songe. Dressés dans leurs paysages bucoliques ou menaçants, ils sont un douloureux aveu d'impuissance. Ils sont un énorme cri. Et lorsque les paysans bavarois passent auprès d'eux et les saluent, c'est peut-être parce qu'il y a tout de même quelque chose à admirer et à aimer en eux. Non leurs murs, leurs marbres ou leurs statues, mais ce que Louis lui-même n'avait pas songé qui s'y trouverait un jour : son spectre.

Si nous évoquons Elseneur et sa terrasse, le revenant que nous y voyons se promener sous un ciel d'encre, c'est Hamlet, non son père, ni le roi, ni la reine, ni Ophélie. Le fantôme de quelqu'un qui n'a rien accompli, mais dont l'âme est un *lieu* pour la pensée. Le touriste des châteaux en Bavière est hanté par cet autre solitaire pâle, en vêtements de deuil, avec son gai chapeau tyrolien, son front génial et la tragique impuissance de son cœur. Tous les personnages de son drame, qu'ils soient obscurs comme ses cochers, ou illustres comme Wagner, Bismarck et Elisabeth d'Autriche, ont livré leur histoire. Mais le roi des jongleurs n'a rien dit. Sans doute ne vivait-il déjà plus assez parmi les hommes pour prendre la peine de s'expliquer. Il écrivait un jour à Marie Dahn : « Une éternelle énigme, voilà ce que je veux être pour moi-même et pour les autres. »

C'est un mot d'enfant – ou de comédien. De comédien qui écrit et joue sa pièce. Mais, comme le disait son cousin Hamlet de Danemark : « ... la pièce ne plut point à la foule. C'était du caviar pour la multitude ... »

Louis II en 1884.

Joseph Kainz.

Didier et le marquis de Saverny

Au premier printemps de l'année 1881, le roi, qui séjourne dans ses montagnes, reçoit de Possart, directeur du Théâtre royal, un assez curieux envoi : deux photographies, simplement. Elles montrent un jeune homme, pas trop beau par exemple, mais sympathique, l'œil intelligent. Son nom est écrit au verso du carton : Joseph Kainz. L'intendant von Perfall estime fort peu ce nouvel acteur, Sa Majesté le sait. Il faut penser que Possart n'en juge pas de même. Il ne manque pas d'impertinence, ce directeur rusé. Le roi sourit et jette les deux portraits au fond d'un tiroir.

A Munich, Joseph Kainz avait mal débuté. Il était de ces artistes qui n'ont pas de pouvoir de conquête, n'emportent rien d'assaut. Leur action est plutôt douce, intellectuelle, un peu secrète. Et un beau jour, leur sensibilité a si bien accroché celle du public que celui-ci n'est plus attentif qu'à leur voix, ému que par leurs nerfs, enchanté que par leur art. Avant de devenir l'un des meilleurs comédiens d'Allemagne, Kainz fut jugé médiocre, et même insuffisant. La surprise de l'intendant Perfall est donc assez forte lorsqu'il reçoit en haut lieu l'ordre de mettre immédiatement en répétitions la *Marion de Lorme* de M. Victor Hugo, et de confier au dit Joseph Kainz le rôle de Didier. Sa Majesté désire que ce drame soit donné en représentation privée, à son Théâtre royal de Munich, le 30 avril prochain.

Ce républicain de Victor Hugo imposé sur l'affiche par le plus monarchiste de tous les monarques, et dans un drame interdit autrefois par la censure de Charles X, cela ne manque pas de piquant. Demander à voir railler dans une satire chargée un roi de France, et, qui pis est, le père de Louis XIV, quel paradoxe ! On s'en étonnerait à bon droit si l'on n'avait pas remarqué que ce Bavarois goûtait fort le paradoxe et ne possédait aucunement le sens de l'ironie. Mais il avait lu la pièce de près et il lui en restait trois images. Or, comme toujours, ces images reléguaient au loin toute idée. Du drame même il ne subsistait rien. Un grand zéro. L'anecdote ? Insignifiante. Marion de Lorme ? Un personnage épisodique et geignant. Mais il y avait Didier, le plus noble cœur ; le marquis de Saverny, un parfait gentilhomme, et le roi. Oui, ce roi fantoche, ce roi lâche et faible. Mais s'il ne disait ni ne faisait rien d'énergique, il avait une manière d'exprimer sur lui-même des vérités poétiques qui troublait, qui imposait aussi, et montrait que la majesté royale survit à toutes les déchéances. C'est bien pour cela que Victor Hugo lui avait, involontairement peut-être, réservé ses plus belles roulades.

Moi, le premier en France, en être le dernier !
Je changerais mon sort au sort d'un braconnier.
Oh ! chasser tout le jour ! en vos allures franches
N'avoir rien qui vous gêne, et dormir sous les branches !

Rire des gens du roi ! chanter pendant l'éclair,
Et vivre libre aux bois, comme l'oiseau dans l'air !

Voilà des vers ! Voilà des profondeurs ! Et qui déce-
laient chez Louis XIII des goûts semblables aux siens.
Aussi est-il tout ému lorsque paraissent sur son théâtre, au
soir du 30 avril, le roi très-chrétien, couronne en tête, un
Saverny grand seigneur, noblement généreux, et ce sombre
et passionné Didier. Les lorgnettes ne chôment pas dans
la loge de Sa Majesté. A chaque entracte, il fait exprimer
aux artistes son contentement. Et cette même nuit, Didier
reçoit en gage de la faveur royale un saphir trop gros,
monté en bague.

Didier – pas Kainz. Heureux Didier, mais naïf Kainz.
Il se croit l'artiste récompensé, et c'est l'amant de Marion,
l'ami de Saverny, un jeune homme à l'âme en fleur, en mal
d'amour, et criant dans le vide du théâtre :

… Si j'avais d'aventure, en passant rencontré
Un cœur d'illusions encor tout pénétré …

Didier, certes – non ce Kainz. Cher imbécile, voici qu'à
la prochaine représentation, ordonnée par Louis quatre
jours plus tard, on n'aperçoit plus que cet anneau de
saphir. La scène en est toute bleue. On n'entend que cette
grosse pierre jetant ses éclats de cabotine. Plus de Didier.
Rien qu'un Joseph Kainz vaniteux comme une étoile.
Déception. Le roi veut tenter encore un essai, et il fait dire
que le saphir n'a pas à figurer parmi les personnages.
Donc, on rejoue le 10 mai. Didier reparaît. Plus de bague.
Tout va bien, et Sa Majesté entend couler tout le long de
sa chair la voix merveilleuse.

Environ trois semaines après, pendant une répétition matinale de *Richard III*, Kainz est appelé dans les coulisses du théâtre où un inconnu, cocher-fourrier des écuries royales, lui remet une invitation. Il s'agit de partir immédiatement pour le château de Linderhof afin d'y être pendant trois jours l'hôte du roi et de le distraire par des récitations.

C'est la fortune, peut-être la célébrité. Kainz se précipite chez lui, se trouble, s'affole, embrasse son habit et ses cravates blanches, emballe sa mère dans sa valise, redégringole ses quatre étages, monte dans un train, puis dans un équipage, et arrive à la nuit dans une grotte tout électrique où le génie de la montagne nourrit ses cygnes. Kainz s'incline jusqu'à terre, se fait tout petit et attend ... Il attend longtemps. Enfin Louis aperçoit cet esclave plié, l'interpelle, le reconnaît, lui parle avec amitié. Alors Kainz se redresse et répond avec autant de naturel qu'il peut.

Quoi ? Comment ? Pardon ? Je n'entends pas. Quel est ce boutiquier ? Une farce de Hesselschwerdt sans doute. Ça, Didier ? Qu'a-t-il fait de sa voix ? Où est son regard ? Il y a erreur. J'attendais Orphée, monsieur, et non pas un petit bourgeois endimanché. Joseph comment ? Kainz ? Connais pas. Adieu, monsieur. « Burkel, faites donc ramener ce jeune homme à Munich. Didier parlait tout autrement. Non, non, celui-ci ne m'intéresse pas.

— Sire, un renvoi si brutal risque de porter à son avenir un préjudice grave, réplique le secrétaire d'État.

— Eh bien, s'il en est ainsi, il peut rester trois jours, peu importe. Mais que je ne le revoie plus. »

Burkel fait la leçon à Kainz. Qu'il redevienne Didier. Qu'il prenne sa voix de théâtre. Qu'il entre dans le jeu, que diable ! Il n'est pas ici en amateur d'horticulture mais en comédien patenté. Le lendemain, Louis le fait appeler, le promène à travers son château et ses jardins, commence de le trouver gentil. L'acteur, cette fois, déclame son enthousiasme, récite des vers et donne ses répliques sur le ton qu'il faut. Alors, tout à coup, il fait soleil au fond du cœur royal. On se prend le bras. On déjeune ensemble. On boit à la santé de maman Kainz. On se fait des confidences. Les trois jours en deviennent six, et les six douze. Il pleut des montres dans les poches de l'ami. Les brillants poussent à ses doigts. Une coupe d'or vient orner sa commode et semble avoir été envoyée tout exprès par Wagner. Tenez. Prenez. Voici des dessins originaux qui représentent l'histoire de Guillaume Tell. Car Guillaume Tell, républicain fameux, est encore un ami personnel du roi. Il aime les républicains, chez ses voisins et dans l'Histoire. Ce sont de braves gens qui se font toujours tuer en prononçant de belles paroles. Schiller en a recueilli un grand nombre. Allons, ami Didier, récitez-nous du Schiller, et de votre voix la plus tonnante.

Didier s'exécute. Quelle merveille ! C'est bien Didier cette fois, l'ami de Saverny. Et quel dommage que le temps passe si vite. Il faudrait faire un voyage ensemble au pays des longues nuits fraîches et des petits jours chauds. En Espagne par exemple. Mais Burkel fait des objections à cause des « fadaises » de la politique. Quel fâcheux. Alors la Suisse ? Oui, la Suisse, ce vieux Guillaume Tell, le lac de Richard, les montagnes de la Walkyrie. Il y a de bons coins à fromage et à vin blanc, avec des pâtres en costume posés dans le décor, des cloches au crépuscule, des auberges vernies, et cet étrange bonheur démocratique de la liberté.

Kainz reparti, Louis lui écrit tout de suite : « Nous pourrions nous mettre en route dès le 27 ... Hesselschwerdt ira chercher votre réponse après-demain.

Aujourd'hui, l'impératrice Elisabeth a eu la grande bonté de me rendre visite, ce qui m'a fait un immense plaisir. Sur ce, cher frère, recevez les meilleures amitiés de votre affectueusement dévoué Louis. » Toutefois, Burkel donne encore quelques conseils ridicules ; celui, par exemple, d'emmener un gentilhomme. « Je renoncerais plutôt au voyage … Espérons qu'il se trouvera là-bas quelque maison particulière où nous pourrons nous installer sur les bords de ce lac classique. Mille amitiés encore, cher frère, très cher Didier, de votre bienveillant Louis Saverny. » Ce nom de Saverny, le beau marquis protecteur de l'enfant du hasard Didier, quelle trouvaille ! Sa Majesté fait établir aussitôt deux passeports à ces noms hugoliens et il savoure la joie de changer d'état-civil.

Donc, le 27 juin, à dix heures du soir, départ en train spécial avec une suite légère : huit domestiques, cuisiniers, coiffeurs, valets, plus Hesselschwerdt, l'indispensable. On stoppe le lendemain matin dans le voisinage de Lucerne, à Ebikon, afin d'épargner au roi la curiosité de la foule, et les voyageurs montent en voiture pour gagner la station du bateau à vapeur. Pas de chance : il est en retard. Le débarcadère est envahi déjà par une multitude de confédérés enthousiastes, et le bateau aborde, tout pavoisé, ses marins d'eau douce en tenue de grand gala. Le capitaine s'avance au-devant de son passager illustre et le salue, casquette en main : « Monsieur le marquis de Saverny, Sire … » On déjeune à bord. Vers midi, arrivée à Brunnen. Énorme concours de peuple, maisons habillées de drapeaux, équipage à quatre rossinantes, hymnes patriotiques. Le marquis de Saverny donne l'ordre de ne pas accoster, mais de faire route sur Fluelen. On croise au large pour s'arrêter enfin à la hauteur de la chapelle de Guillaume Tell. Ici, le marquis désire que Didier débarque seul pour visiter le saint lieu et les panneaux historiques que Stuckelberg vient d'achever. Didier est donc conduit à terre, où le peintre en personne l'attend et lui adresse humblement son souhait de bienvenue : « Sire, la présence de Votre Majesté … » Extrême confusion de l'acteur qui s'incline à son tour sans oser répliquer, et la visite se poursuit dans le plus solennel silence. De retour à bord, Didier raconte l'incident et dit sa gêne d'avoir été pris pour le roi. « Est-ce donc si terrible ? » s'écrie Louis, dont le visage, cette fois, se rembrunit pour de bon. Il faut bien se résigner à débarquer enfin. Et comme il n'y a pas de service d'ordre, le marquis et son ami fendent la presse, distribuant sourires et saluts. Puis ils montent en voiture pour se rendre à l'hôtel Axenstein, situé sur une hauteur. La carriole démarre au milieu des vivats, grimpe la côte, quand tout à coup, crac, un essieu se casse. La voiture recule, le marquis se prépare à sauter, Didier l'imite, lorsque heureusement un pont se jette à la traverse et barre la route à une catastrophe. Telle fut la première journée du voyage helvétique.

Dès la seconde, ils décident de quitter l'hôtel dont la valetaille s'obstine à former autour du marquis une perpétuelle garde du corps. Sans parler des malhonnêtes, installés là à poste fixe. On finit par dénicher la villa Gutenberg, près du Mythenstein, que son propriétaire, l'éditeur Benziger, met à la disposition du prince. Voici donc enfin les jours attendus, la solitude villageoise, les siestes champêtres, la déclamation à l'ombre des arbres, les joueurs de cor crépusculaires, et les « jodleurs », tous les paysages rêvés par Saverny pour illustrer l'album d'une si belle amitié. Et même quelques feux d'artifice, comme il en tirait naguère dans l'île des Roses. L'après-midi, courses en voitures d'un tableau à l'autre de la légende de

Tell. C'est ainsi qu'un jour, à Amsteg, dans l'auberge de l'Étoile, le marquis tombe sur un livre intitulé *l'Homme dans la lune*. Et comme le titre lui plaît, Didier est chargé d'en entamer la lecture. Commencée à quatre heures, elle se termine à onze heures du soir. Et c'est après seulement qu'on déjeune. Ou bien ce sont des promenades nocturnes en bateau vers le Rutli. On y arrive en général à neuf heures. Le forestier-aubergiste Aschwanden attend ses hôtes quotidiens au bout du ponton, balançant sa grosse lanterne d'écurie comme un phare : « Bonsoir, monsieur le forestier », s'écrie Louis de loin. « Bonsoir, monsieur le marquis. » Ils débarquent. Ils montent tous vers le pré sacré où fut juré le serment des Trois Suisses, il y a six cents années. On s'assied dans l'herbe. Et c'est alors que Didier doit enchanter la nuit. Sa voix et les vers de Schiller ravissent ce grand enfant qui voudrait tant devenir un homme. Il écoute les paroles rudes des vieux Suisses, telles qu'elles doivent avoir été prononcées il y a six siècles en ce même lieu : justice et indépendance ; élans de fierté ; amour de la vie ; pureté des intentions. Serments jurés devant les dieux de la poésie : rochers, forêt, lac, étoiles, solitude, tout ce très vieux théâtre du cœur. Et cette histoire de paysans accorde l'âme majestueuse du roi à celle de ces fils du peuple. Il est batelier, pêcheur, chasseur de chamois. Il veut la mort des tyrans. Il salue, en haut des montagnes, les feux de la liberté. Il est poète. Ensuite on rentre à l'auberge où un repas léger est préparé sur la table sans nappe. « Les serviettes sont restées au cou des montagnes », dit le marquis. Puis on repart dans un bateau à rames, au milieu de la nuit.

Un soir, ils quittent la villa plus tard encore que d'habitude, naviguent longtemps, se fatiguent de silence. Ils n'arrivent au Rutli qu'à deux heures du matin et le roi inexorable – ce roi dont les nerfs sont morts – demande à Didier de reprendre l'éternel *Guillaume Tell* à la scène de Melchthal. L'acteur s'exécute. Mais, brusquement saturé, il s'interrompt sous prétexte de fatigue. Louis le regarde, d'abord surpris, puis confondu par cette audace, ce manque d'amour incroyable. Il se lève. Il trahit un complet désarroi. « Eh bien, dit-il, puisque vous êtes las, reposez-vous. » Aussitôt il tourne les talons, redescend vers sa barque, y monte et donne l'ordre de rentrer sans attendre son ami.

Une fois de plus la déception a brisé, d'un seul choc, un sentiment cultivé depuis quelques semaines avec tant d'amoureux empressement. Il a suffi d'une désobéissance pour détruire l'humble fleur que nous regardions croître dans ce malchanceux. Qu'un dépit si mince y ait suffi étonne ceux d'entre nous qui savent le tragique pouvoir d'une résistance. Mais peut-être ne stimule-t-elle, cette résistance, que les âmes anxieuses de conquérir. Celle de Louis ne supportait aucune contrariété parce qu'elle n'ambitionnait aucune victoire. Elle voulait aimer non comme l'on combat, mais comme l'on respire. Elle n'était pas avide de passion, mais de tendresse.

Ces mêmes raisons avaient flétri, et presque tout d'un coup aussi, son vieil attachement pour Wagner. Il ne va pas se fatiguer maintenant à espérer de nouveau. Si la désillusion est vive, au moins est-elle rapide, entière et sans retour. Lorsque Didier rentre à la villa Gutenberg, à quatre heures du matin, le marquis n'est plus levé pour l'attendre, comme d'ordinaire, avec sa hautaine et tendre sollicitude. Et quand, ayant dormi son soûl, il se réveille le lendemain vers deux heures de l'après-midi, c'est pour apprendre que Saverny a quitté la maison pour de bon et repris sa route vers la Bavière. Affolé, l'acteur fait ses paquets et rejoint le train-salon à Lucerne. Sa Majesté le roi Louis II et le comédien Joseph Kainz reprennent chacun leur ancien rôle.

Pourtant le roi désire qu'il subsiste quelque chose de son bonheur assassiné. Et avec cet instinct sûr des amants trahis, qui leur fait trouver tout de suite le fétiche dont ils s'amuseront plus tard à bouleverser leur cœur, il emmène Kainz chez le photographe.

J'ai sous les yeux cette image, hélas, laide et presque ridicule. Le roi est debout, en manteau de voyage, son chapeau à la main. Kainz, assis, mince, étriqué, paraît un peu falot. Un patron et son employé en villégiature, « posant » dans une baraque foraine. Je ne m'attarderais guère à cette médiocre chose si, par contraste, je ne la comparais à tout un lot de photos plus anciennes, où le roi Louis II rayonne d'une beauté auprès de laquelle même le visage célèbre de sa cousine Elisabeth ne nous émeut plus. En quinze ou vingt ans, ce saint Georges dans son manteau d'hermine est devenu un entrepreneur barbu, tout gêné par son beau costume. Mais le regard, malgré tout, me retient. Ce regard autrefois fascinant de candeur est maintenant vitreux, rentré, effrayé, épouvantable. Une dizaine de clichés nous amènent, d'un adorable visage de jeune reine amoureuse, vers ce large commerçant enfoncé dans sa bête et mal empaqueté dans son faux col. Le neuvième, l'avant-dernier, est celui de Saverny.

C'est une terrible chronique que celle de nos portraits, l'histoire de nos rides et de nos masques. Et je n'en connais pas de plus dramatique que celle des fous, où chaque année un pouce inexorable accuse et perfectionne les malfaçons. Un œil s'enfonce, le front s'aplatit, une lèvre se distend, une petite misère longtemps à peine visible s'amplifie jusqu'à atteindre l'horrible grandeur de la caricature. On comprend que ce Kainz, tout malotru qu'il pût être, n'ait regretté qu'à demi de perdre un protecteur d'une beauté déjà si lointaine et si inquiétante. Mais l'on cherche aussi, sur le visage du malheureux roi, la trace de ces larmes que personne ne lui vit jamais verser.

Naissance de Parsifal et mort de Wotan

En revanche, Kainz pleura. On ne sait trop si ce furent des larmes de crocodile, mais sans doute regretta-t-il sincèrement la perte de la faveur royale. Il écrivit, se justifia, mais Louis ne fut jamais accessible à la pitié, qui n'a rien à voir avec l'amour. Lorsque le théâtre annonça *les Burgraves*, le roi demanda pour lui une représentation privée. Mais ayant aperçu à la dernière minute le nom de Kainz sur l'affiche, il se décommanda. C'est sans la moindre ironie qu'il lui fit parvenir un paysage encadré d'or représentant le lac de Lucerne. Blessé à vif par ce hautain mépris, l'acteur renvoya le tableau, ce qui peina le marquis. Mais le geste lui parut noble, élégant, digne du vrai Didier. Toutefois, la réconciliation demeura théorique. Il était impossible à Louis de revivre aucun passé. « Notre cher malade », c'est ainsi qu'il parle désormais de Kainz. Sorti de son esprit, on était sûr de n'y jamais rentrer.

Un seul fait exception : Wagner. Mais est-ce bien dans l'esprit de Louis que Wagner habite ? C'est plutôt dans son sang, dans son moi physique. Il y a eu deux Wagner en Louis : Wagner l'homme et Wagner le virus.

Si l'homme est mort, les toxines sont restées. Cela arrive. Notre mémoire perd tout, et jusqu'au visage le plus connu, le plus adoré. Mais rien ne nous délivre des maladies que nous nous sommes données. Jamais Louis ne s'est libéré complètement de Wagner. Nietzsche non plus. L'un s'en est détaché ; l'autre l'a combattu. Mais tous deux l'ont gardé dans leur sang comme ces coloniaux tourmentés par une malaria intermittente des années encore après leur retour chez eux. Quoi qu'aient fait Nietzsche et Louis II pour s'en débarrasser, la musique wagnérienne est restée leur fièvre chronique.

Ce temps est au surplus celui où le vieux thaumaturge prépare son dernier miracle : il travaille à son *Parsifal*. Tout de suite après le festival bayreuthien de 1876, il en a jeté l'esquisse. Les thèmes principaux du prélude, ceux de la sainte Cène, des chevaliers, étaient déjà notés depuis longtemps. Comme Stravinsky l'a justement observé, Wagner allait du drame à la musique, non de la musique au drame. Il avait besoin de voir avant d'entendre, puis de construire par images une action philosophique, enfin seulement de la baigner de sons. Le motif musical ne lui est fourni que par l'idée. Cela paraît logique. Peut-être est-ce surtout sentimental et littéraire. Aussi ne faut-il pas s'étonner de voir Wagner, pendant ces années de *Parsifal*, regrouper, refondre, remarteler dans ses solitudes de Wahnfried et d'Italie tous ses thèmes d'entraînement, se replonger jusqu'au cou dans la littérature. Surtout dans la française. Il lit les huit volumes de l'*Histoire des ducs de Bourgogne*, par Prosper de Barante, les *Récits des temps mérovingiens*, d'Augustin Thierry, *le Curé de village*, de Balzac, les livres de Renan et de Gobineau. Puis Plutarque, Xénophon, Shakespeare. « Enfants, dit-il un jour en arrivant à table, regardez-moi : tel est le visage

d'un homme qui compose le dernier de ses opéras. »
Il travaille pourtant avec une espèce de joie sérieuse, tout
empli de ce qu'il appelle des « sentiments étranges ».
Nonobstant cette foi tenace, l'entreprise du *Festspielhaus*
ne progresse pas. Il faut lutter chaque jour pour qu'elle ne
périsse point, reculer de mois en mois et d'année en année
les représentations projetées. Mais, comme tout au long de
son passé, c'est dans cette lutte même que le vieillard
maintient continuellement fluide l'activité de ses veines et
celle de sa pensée. Wagner ne vise plus les vivants.
Il projette sur l'avenir ses espoirs et sa volonté. « Je
travaille pour ceux qui ressusciteront », dit-il.

Il part pour Naples et y écrit le dernier de ses ouvrages
de philosophie esthétique : *Art et Religion*. Dans ce
travail, où Wagner fait un rapide examen historique des
formes de la Divinité telles que les hommes l'ont imagi-
née, il en arrive très vite à Jésus-Christ. Cette tête
« remplie de sang et de blessures » le hante comme le plus
haut mystère, et comme le modèle de son Parsifal. Jésus
est pour lui « le poète-artiste de la tragédie du monde », le
seul qui nous puisse amener à une réconciliation avec la
vie humaine par la pitié et un pressentiment de l'idéal.
« Mes idées sur la religion m'ont été suggérées par ma
situation d'artiste créateur dans ses rapports avec le public
… Or, il m'a été possible d'acquérir, par ce moyen, la
conviction que l'art véritable ne peut croître que sur le
terrain de la véritable moralité ; aussi attribuai-je à l'art
une mission d'autant plus élevée que je la trouvai absolument identique à la religion véritable. » Voilà bien la
doctrine des chevaliers du Saint-Graal. Comme il est éloigné maintenant, ce Wagner mystique, de son
enthousiasme pour les Grecs et de ce fin Nietzsche, dont
la morale intellectuelle s'oppose désormais avec tout

l'éclat du spirituel aux confusions du sentimental. L'intéressant est de les voir l'un et l'autre, ces deux « poètes de la tragédie du monde », puiser dans Shakespeare, à la même fleur, au même printemps, pour distiller ensuite des miels si différents. Wagner ne pouvait être requis que pour les motifs de passion, Nietzsche qu'en faveur des purs mouvements de l'intelligence. Mieux que bien des parallèles, ce passage du *Gai Savoir* nous montre un Nietzsche encore obsédé par l'idée qu'il a trahi Wagner, mais trouvant dans le *Jules César* de Shakespeare la plus noble des justifications :

« Le plus beau que je sache dire à la gloire de Shakespeare, de l'homme-Shakespeare, est ceci : il a cru en Brutus et n'a pas laissé subsister le plus léger atome de méfiance sur sa vertu. Il lui a dédié la meilleure de ses tragédies ... à lui et à la plus terrible conception de la haute morale. *L'indépendance de l'âme*, voilà de quoi il est ici question. Aucun sacrifice ne saurait être trop grand pour y parvenir. Il faut pouvoir lui sacrifier son ami le plus cher, fût-il en outre l'homme le plus admirable, l'ornement du monde, un génie sans égal ... C'est ainsi que Shakespeare a dû sentir. Avoir placé César si haut est le plus grand honneur qu'il pût faire à Brutus. »

S'égaler à Brutus et donner à Wagner le rôle de César, c'est presque, pour Nietzsche, un acte de modestie. Mais c'est d'abord un acte de justice, et même de pressentiment. Aux temps les plus glorieux, les plus laurés de Rome — comme dit le même Shakespeare — il y eut brusquement dans le ciel les signes d'une catastrophe prochaine. Et Nietzsche a reconnu les mêmes dans le temps présent. Wagner peut-être aussi.

Il se hâte. Il est inquiet. Lui sera-t-il permis d'achever l'œuvre qui doit être – comme il lui semble – le dernier

verset de son évangile ? Car il est mal portant, il le sait :
une vive oppression de poitrine, des crampes au cœur, tels
sont les symptômes déjà anciens de son mal, et les crises
dont il souffre parfois avec une extrême violence ont
tendance à se rapprocher. Les médecins sont rassurants
toutefois. Cependant Wagner se doute que son temps est
compté. Les deux premiers actes de *Parsifal* à peu près
achevés, il remonte de Naples à Pérouse et de Pérouse à
Sienne, où Mme Wagner a loué pour deux mois une
grande villa autrefois papale : Torre Fiorentina. C'est sa
dernière halte cette année-ci avant le retour chez lui, son
adieu à la terre d'amour.

Dès la première journée, Wagner grimpe tout en haut
de la ville, jusqu'au dôme fameux, dont le clocher à
rayures noires et blanches, la coupole, les rosaces, les
marbres polychromes et les deux louves sur leurs colonnes
se dressent dans un ciel d'arrière-été. Par-dessus le silence
de la place, l'artiste regarde et remplit son âme de ce
grand coffret à prières vieux de cinq siècles. Les papes, les
sculpteurs, les peintres, les dévotes et leurs amis, tous sont
venus chercher ou apporter ici un peu d'enthousiasme.
Que d'amants ont stationné devant ce gai monument
surplombant une ville sévère, où peut-être ils avaient
convoqué leur maîtresse pour donner à leur amour un
goût d'éternité. Mais Wagner a toujours été seul. Tout
habité par ses suprêmes musiques, le poète s'avance vers le
porche devant lequel une jeune femme, vivante colombe
de ces murailles, paraît attendre. Dans la grâce de son
regard et l'éclatante ardeur de sa bouche tient tout le
roucoulement de l'amour.

Il nous semble la voir, la reconnaître aussi dans ce grave
crépuscule italien. Car tout être un peu artiste est sensible
au pathétique d'une telle rencontre. Il évoque ce beau

corps, lui prête le visage qu'il chérit. Il sent que tout l'art de l'univers, la cathédrale la plus particulière, les musiques les plus inouïes, ne sont jamais que les signes et les symboles des forces secrètes de son cœur. Et cette jeune amoureuse, éclairée par son âme, l'émeut davantage que la morte symphonie des pierres.

Mais Wagner entre dans la basilique. C'est-à-dire qu'il entre dans le Temple même du Graal. Car tout est ici comme il l'a rêvé pour *Parsifal* : la coupole mystique sur ses piliers romans, l'éclairage, les grandes dalles du pavement avec leur imagerie biblique, tout ce théâtre en ombres et en couleurs. C'est le décor même de son Innocent, de son Pur. Et dans la chapelle de saint Jean-Baptiste, l'ami passionné des bêtes qu'est Wagner s'enchante d'une toile de Pinturicchio, où l'on voit le saint à demi nu auprès d'un puissant cerf qui broute en surveillant sa femelle. Ce dôme lui donne la plus forte impression qu'il ait jamais reçue de l'architecture. Il y revient presque chaque jour. Il y conduit ses enfants, ses amis, leur montre l'illustre « librairie » Piccolomini et fait dessiner la coupole par le peintre Joukowsky pour les maquettes de Bayreuth. C'est ainsi qu'en art se lient des pensées ou des images bien lointaines, d'un bout à l'autre du temps. Mais qui songe aujourd'hui, en voyant se lever le rideau sur la cathédrale de Wagner, qu'elle est née de la lumière et de l'amour de Sienne ?

A l'arrière-automne, il faut quitter l'Italie et s'acheminer sur Munich. Dès qu'il le sait arrivé dans sa capitale, le roi Louis ordonne deux choses : que l'année suivante, 1881, l'orchestre et les chœurs de son opéra seront mis deux mois durant à la disposition du théâtre de Bayreuth. Ensuite, qu'on donnera immédiatement, pendant le séjour

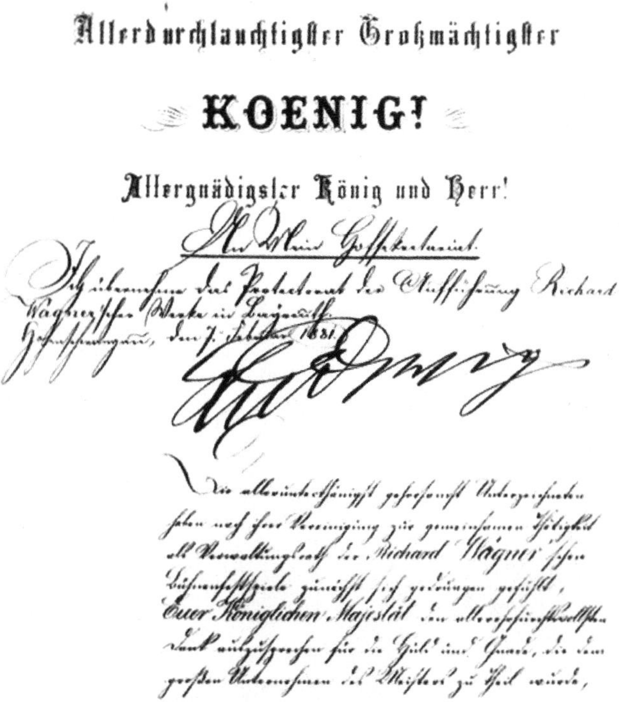

Décret royal du 7 février 1881.

Maquette d'un décor pour la création de *Parsifal*
par Joukowsky.

P. JOUKOVSKY

Richard Wagner et Cosima en 1872.

du compositeur, une représentation privée de *Lohengrin*. La date en est fixée au 10 novembre (1880).

Ce soir-là, en effet, Louis II et son vieux maître pénètrent comme autrefois tout seuls dans la salle vide et occupent la loge royale. Le spectacle se déroule. Wagner est satisfait, car, à quelques détails près, son œuvre est enfin au point et c'est la première fois qu'il l'entend d'un bout à l'autre en simple spectateur. L'émotion le gagne. Il regarde *son* roi, le trouve inchangé, toujours beau, et tel qu'enfin lui seul peut-être sait le voir. Au son de la vieille musique de son âme, le temps s'abolit, les années reculent. S'il y a quelque chose de divin dans l'homme, n'est-ce pas de pouvoir vivre et comprendre une minute comme celle-ci ? Une minute parfaite de conscience et de connaissance, où l'amour de toute une vie, sa volonté, ses accomplissements, son avenir même, se condensent en une seule goutte de musique ? « Qu'importe ce qu'il advient de nous ! » disait l'autre disciple, Nietzsche, si un instant de pareil détachement nous donne enfin « la pureté du regard où les choses nous apparaissent indépendamment de la lumière dont les colore notre douleur, notre déception, notre lassitude, notre avidité ou notre enthousiasme ? »

Deux jours après, le vendredi 12 novembre, à trois heures, Wagner et Louis doivent se retrouver de nouveau au théâtre où le compositeur a promis de conduire pour le roi seul le prélude de *Parsifal*. Il y a chez lui quelque énervement, parce que la moindre mesure de sa dernière œuvre le bouleverse, et parce que Sa Majesté est en retard. Il faut l'attendre un grand quart d'heure. Wagner est en colère. Enfin Louis paraît dans sa loge, l'artiste saisit son bâton et attaque. A peine le prélude achevé, le roi demande qu'on recommence. C'était naïf, mais spontané ; pour Wagner, c'était une sorte de profanation, une méconnaissance complète de sa pensée. Mais que répondre lorsque le roi, après cette seconde exécution consentie tellement à contre cœur, demande encore le prélude de *Lohengrin* ? Il passe la baguette à Lévi, rentre chez lui et, d'agacement, subit une crise violente de ses crampes de poitrine.

Wagner et Louis de Bavière venaient de se voir pour la dernière fois. Ils se séparaient en amis, leurs cœurs assurés l'un en l'autre, mais dans un divorce d'esprit complet. L'orage éclata chez le peintre Lenbach, où Wagner maudit tous les princes de la terre, tandis que le pauvre Louis, dans la solitude de son palais, rêvait probablement à quelque édifice nouveau où il saurait exprimer par la pierre la chasteté si jalousée de Parsifal. Il prit son cahier secret et y nota ces mots :

« ... Assisté à une représentation de *Lohengrin* en compagnie de Richard Wagner ; très réussie et très belle. Lui présent. Avec lui à la maison. Soupé dans le jardin d'hiver. Longtemps ensemble. Le 11, à cinq heures, il vient dîner dans le jardin d'hiver. Heures intimes et chères ... Le 12, après-midi, entendu deux fois le prélude admirable et merveilleux de *Parsifal* dirigé par l'auteur en personne. Profondément significatif ... J'ai toujours entendu dire qu'entre prince et sujet aucune amitié n'est possible. Nous voulons prouver qu'au souper du jardin d'hiver – trois heures – samedi le 13, à trois heures et demie, avons assisté ensemble à l'opéra *Aïda*, événement de famille attristant, dans le jardin d'hiver, merveilleuse représentation ... Bénédiction sur sa tête aimée. — Moi, clair de la lune. Dernière chute. Jamais plus, jamais plus, jamais plus ... »

Peut-être ce decrescendo de la raison n'est-il derechef qu'apparent. « Des mots », disait Hamlet. Des images sans doute. Du fait que leurs concordances nous échappent, n'en inférons pas qu'elles ne riment à rien.

Dans un tel aide-mémoire, personne ne saurait dire que ces lueurs n'éclairent pas des paysages où toutes les détresses sont repérées et à leur place.

Associons une fois encore, en ce lieu assez tragique de notre récit, au moment où va naître le *Parsifal* et où vont mourir les hommes mêlés à son destin, le visage lointain de Nietzsche. Il faut enjamber six années, c'est-à-dire jusqu'au mois de janvier 1887. Nietzsche est alors à Nice, et presque aux portes de la folie. Il écrit ses derniers livres, les suprêmes messages de Zarathoustra à l'humanité future, cette humanité intellectuelle qui doit nécessairement succéder à l'humanité sentimentale de Wotan. Et repris par un dernier accès de sa malaria wagnérienne, il s'en ira un jour à Monte-Carlo pour y entendre jouer le prélude de *Parsifal*. Il prendra ensuite sa plume afin de confier à son ami Peter Gast l'impression que voici :

« Dernièrement j'ai entendu pour la première fois (à Monte-Carlo) le prélude de *Parsifal*. Quand je vous reverrai je veux vous dire exactement ce que j'ai compris. En faisant abstraction de toutes les questions déplacées (à quoi *peut* servir une pareille musique, à quoi elle *doit* servir), et si l'on se place à un point de vue purement esthétique, on ne peut se demander si Wagner a jamais fait quelque chose de meilleur. La plus haute conscience psychologique, par rapport à ce qui doit être dit, se trouve exprimée et *communiquée* ici ; la forme la plus brève et la plus directe de cette conception ; chaque nuance de sentiment poussée jusqu'à l'épigramme ; une précision de la musique, en tant qu'art descriptif, qui fait songer à un écusson travaillé en relief ; et, en fin de compte, un sentiment sublime et extraordinaire, un événement de l'âme, placé au fond de la musique, dont Wagner peut tirer le

plus grand honneur ... Il y a des choses semblables chez
Dante et nulle part ailleurs. Un peintre a-t-il jamais peint
un regard d'amour aussi mélancolique que Wagner avec
les derniers accents de son prélude ? » Et ces lignes sont à
rapprocher de celles que Nietzsche adressait dix ans plus
tôt à son ami Reinhart von Seydlitz, alors qu'il venait de
recevoir le texte du poème de *Parsifal*. « Hier m'est arrivé,
de la part de Wagner, *Parsifal*. Mon impression à la
première lecture : il y a là plus de Liszt que de Wagner ;
c'est l'esprit de la Contre-Réforme. Pour moi, trop habi-
tué à ce qui est grec, à ce qui est d'une humanité générale,
tout cela est d'un christianisme trop borné dans le temps.
Une psychologie toute fantaisiste ; pas de chair, et beaucoup trop de sang (surtout la Cène est trop gorgée de
sang, à mon goût) ; enfin je n'aime pas les femmes hysté-
riques ... Mais les situations et leur enchaînement, n'est-
ce pas de la poésie la plus haute ? N'est-ce pas une
suprême mise en demeure adressée à la musique ? »

On perçoit ici l'écho des mêmes déceptions, des mêmes
colères spirituelles, mais tout au fond la persistance du
vieil envoûtement wagnérien, qui se réveille dans l'âme du
philosophe solitaire au premier coup d'archet des violons.

Toute discussion sur la musique, au surplus, peut
paraître entièrement vaine. Et elle l'est, dès lors qu'il
n'existe aucune logique des sentiments, ni aucune grammaire du beau. Ce qu'il nous faut retenir de tels aveux,
c'est que le sens critique est presque toujours vaincu par
l'émotion ; c'est que Nietzsche lui-même, amateur effréné
de la connaissance, est soumis et quelquefois désarmé par
l'inconnaissable. Il est quand même vaincu par Wagner,
comme en Pascal le doute est vaincu par Dieu. Je ne puis
m'expliquer Pascal et Nietzsche qu'à cause de l'ombre

qu'ils portaient en eux. Une grande lumière crée naturellement des ombres plus dures qu'une clarté modérée.
Zarathoustra n'avait-il pas déjà chanté cette ombre :
« Oh ! c'est vous seuls, êtres obscurs et nocturnes, qui
créez la chaleur par la lumière … Mais ceci est ma solitude, d'être enveloppé de lumière. » Le dernier mot du
philosophe à son ami Peter Gast, en date du 4 janvier
1889, quelques jours seulement avant sa nuit complète, est
un appel au soleil voilé vers lequel il tendait les mains.
« Chante-moi une nouvelle chanson ; le monde est trans-
figuré et les cieux se réjouissent. »

Or, ce franc-tireur de la réalité, parti en guerre contre
tous les fantômes de la vieille morale et de la religion – et
d'abord contre le Christ – signe cet ultime billet : « le
Crucifié ».

De retour à Bayreuth, Wagner consacre tout son temps
à l'achèvement de *Parsifal*. L'instrumentation complète du
premier et du second acte est terminée dans l'automne de
1881, lorsque ses malaises le reprennent, compliqués de
rhumatismes. Il ne peut presque plus sortir de chez lui. De
nouveau retentit dans son être l'appel vers le Sud et la
lumière : les pyramides, le Nil, les cataractes ….

Une lettre enthousiaste de Rubinstein sur la Sicile vient
préciser ces projets et les oriente vers Palerme. On se
décide subitement à un long séjour sicilien et, le
1er novembre, le compositeur et toute sa famille se mettent
derechef en route pour l'Italie. Trois jours après avoir
quitté les brouillards franconiens, ils débarquent en rade
de Palerme et s'installent sous un ciel parfumé de rose et
d'orange, à l'hôtel des Palmes. Aussitôt, Wagner se remet
au travail, enfermé chez lui jusque vers trois ou quatre
heures, puis allant en promenade, inlassablement curieux

de toutes choses, de tout mouvement, heureux de revivre sous ce soleil et s'arrêtant parfois devant une glace pour dire : « Je ne me reconnais pas dans cette tête grise ; est-il possible que j'aie soixante-huit ans ! » Ses réflexes sont plus vifs que dans sa jeunesse. Ses enthousiasmes aussi. Son sang « peuple » lui permet de s'intéresser avec la même fraîcheur d'impressions à Shakespeare, aux mendiants, aux questions philosophiques, aux bêtes. Aux bêtes surtout. Ne disait-il pas autrefois à Nietzsche qu'il le plaçait dans son cœur entre sa femme et son chien ? A l'hôtel des Palmes il y a une cage pleine de singes : spectacle d'une instruction inépuisable. Dans le jardin Florio, Wagner va faire une visite quotidienne à un gros hibou prisonnier : « Voilà la nature, sans travesti, cruelle mais sincère, et quelle tête de vieux lion ! Le gaillard est plus beau qu'un lion. » Et comme il y a toujours des curieux pour tourmenter la bête épouvantée, il tire de sa poche des exemplaires de sa brochure contre la vivisection et les leur distribue.

Parsifal avance, bien que l'orchestration lui en paraisse toujours plus difficile. Il invente des instruments pour amortir le bruit. Pas de violence. C'est par la douceur qu'il faut imposer en art les formules nouvelles. Étrange que cette œuvre chargée d'audace, cette œuvre de jeune homme, ait été réservée à sa vieillesse ! Le passage des harpes, lorsque Parsifal monte les degrés de l'autel, le fatigue énormément.

Arrivée du peintre Joukowsky. Visite de Rubinstein. Le 13 janvier 1882, on fête au champagne le jour de la naissance de Joukowsky. Avant la fin du dîner Wagner quitte la table et revient, tenant en main sa partition : « Voici, dit-il, j'ai terminé aujourd'hui mon *Parsifal*. » Quel soulagement ! La mort peut venir maintenant, elle n'emportera que l'inutile.

L'été suivant, c'est, une dernière fois, la grande bataille avec les décorateurs, les machinistes, l'orchestre et les solistes, jusqu'à ce qu'enfin tout soit au point. Et le 26 juillet on retrouve un Bayreuth pavoisé, une ville en fête, la foule des « actionnaires » du théâtre et la multitude des curieux. Tous les fidèles sont là, sauf deux : Nietzsche, qui ne viendra jamais plus, et Louis II. Même le roi déserte son maître. Il se dit souffrant, obligé plus que jamais à une complète solitude, et Wagner est douloureusement sensible à cet abandon. Il sait par l'entourage du prince que les nouvelles sont mauvaises, inquiétantes même. Et cependant il a espéré jusqu'à la fin la présence de celui qu'il a si longtemps appelé son Parsifal. Mais Parsifal n'enverra même pas, cette fois, ses vibrantes dépêches. Entre leurs deux cœurs le silence est descendu. Aussi, lorsque le rideau retombe après le premier acte de cette œuvre, par l'auteur dénommée solennelle, et même sacrée, Wagner se lève dans sa loge et, s'adressant au public, le prie de ne pas applaudir, inaugurant ainsi une tradition qui s'est maintenue. Il est possible qu'il n'ait eu en vue que de prolonger le retentissement intérieur de son mystère. Mais pourquoi n'y verrions-nous pas, de plus, la pudeur d'une âme déçue ? Il savait bien que Louis ne le comprenait guère. Mais il savait aussi qu'il en avait été aimé. Et en cette grave soirée, l'absence de celui qui, dix-sept années auparavant, avait montré de si étonnantes ardeurs en écoutant *Tristan* faisait de cette salle bondée un désert.

Aux représentations suivantes, le front de Wagner ne s'éclaircit pas. Le matin de la sixième, il est pris dans son théâtre d'une violente crise cardiaque en présence d'un de ses chanteurs effrayé. Il s'effondre sur un canapé, très pâle, battant de ses poings le vide comme s'il boxait avec la mort. Pourtant il se remet et prend même part, le soir,

aux réceptions de Wahnfried. Le 25 août, double anniversaire de la naissance du roi et de son mariage avec
Cosima, il envoie à Louis cette dépêche : « Tu dédaignes
la coupe du Graal ; elle était pourtant ma suprême
offrande pour toi. Toutefois, ne méprise pas le pauvre qui
t'honore, mais n'a plus rien à te donner. » Même ce
message assez pathétique reste sans réponse. Les temps
sont bien changés. Et peut-être n'est-ce pas seulement la
mélancolie aggravée de Louis qu'il en faut accuser, mais il
était de ceux que la gloire touche cent fois moins que
l'infortune. L'homme a souvent cette belle inconsé-
quence : il veut le bonheur de ce qu'il aime, mais si ce
bonheur se réalise, c'en est fait de son amour.

Ainsi la saison de *Parsifal* n'est plus celle de la passion,
comme la saison de *Tristan*, mais un froid crépuscule
d'hiver. Au vrai, il ne reste qu'à mourir en s'écriant avec
Amfortas dans son ultime supplication : « La mort, grâce
suprême. » Et comme si l'artiste le savait, il monte au
pupitre pour conduire lui-même le troisième acte de la
seizième et dernière représentation. Wagner en a fini
désormais avec l'orchestre, avec l'art, avec la vie.

Quinze jours après il est à Venise, ce plus doux de tous
les cimetières. Lieu instinctivement désigné par cet homme
de théâtre, que les dieux propices guidèrent toujours dans
le choix de ses décors. Mais il ne devait même plus vivre
une demi-année sur ces lagunes où l'attirait le souvenir du
déchirement dont il avait si utilement saigné un quart de
siècle plus tôt, lorsqu'il composait la musique de *Tristan*.
Au bord du Grand Canal, où il habitait alors le palais
Giustiniani, comptait-il vraiment sur l'arrivée d'Yseult ?
S'il a nourri cette espérance, il ne l'a pas avouée ; et en
tout cas Mathilde Wesendonk n'est jamais venue le
rejoindre. Sans doute fut-ce tant mieux pour sa destinée,

et cette femme a-t-elle bien servi l'homme qu'elle aimait en lui refusant le bonheur, puisque, comme le dit Ibsen, « on ne possède éternellement que ce qu'on a perdu ». La seule visiteuse du palais Giustiniani, en 1858, fut la douleur ; et celle du palais Vendramin, en 1883, la mort.

Elle vint cueillir cette proie, si souvent guettée et relâchée, le 13 février, vers deux heures de l'après-midi. Wagner était assis à sa table à écrire. Les papiers répandus devant lui témoignaient d'un dernier essai philosophique. Mais après *Parsifal*, toute littérature devenait bien accessoire. Comme il en informait le roi Louis quelques semaines plus tôt, Wagner n'avait vraiment plus rien à faire. La lutte ne dura donc qu'un instant. Et le vieil artiste se rendit enfin, sans une parole.

Nuit de la Pentecôte, 1886

Rien ne pouvait plus atteindre Louis II de Bavière, ni dans son corps, ni dans son esprit. Était-il déjà un mort parmi les vivants, ou parmi tous ces morts était-il le seul vivant ? On n'en a jamais fini avec le problème de l'illusion et de la réalité, ni en science, ni en philosophie. Comment le résoudrait-on lorsqu'il s'agit d'un de ces êtres qu'une légère déviation de pensée, imputable à l'on ne sait quel manque ou quel surplus, met en marge du troupeau ? Pour le monde, être normal, c'est garder le secret sur ses tares et s'adapter aux lois ; être fort, c'est dominer l'inquiétude que nous inspirent nos propres aberrations ; être sage, c'est imposer une borne à nos élans ; être juste, c'est punir ceux qui s'évadent de la communauté et compromettent sa sécurité physique ou son bien-être intellectuel. Ainsi donc, celui qui agit seul et en fonction de soi-même est un provocateur, ou tout au moins un perturbateur de cet ordre fragile qu'il faut bien appeler le devoir social. Et il vérifie la parole du poète : « un seul grain d'impureté fera de sa noble substance un objet de scandale ». Le roi Louis, dans sa solitude, est devenu pour le monde un objet de scandale.

Lorsque le cercueil de Wagner passe en gare de Munich, une multitude épaisse et sans mémoire se porte à la rencontre de celui qu'elle a honni il y a dix-huit ans, afin de saluer sa dépouille. Mais le roi, qui seul l'avait aimé, est aussi le seul qui ne lui rende point cet hommage. Comment l'aurait-il pu, du reste ? Lui qui haïssait tant la foule, ne serait-il pas mort de honte d'avoir à exhiber devant elle ses sentiments ? Il se borne à envoyer à Mme Wagner des condoléances officielles. Puis, un peu plus d'oubli, un peu plus de poussière vient murer ce cœur sans issues.

On l'aperçoit de temps à autre au fond de sa calèche fermée, précédé par deux gendarmes à cheval. Il se fait conduire dans le Jardin anglais de sa capitale, met pied à terre, déambule par quelque allée déserte en agitant son parapluie. Toujours sans confident, sa tête bouclée découverte, marchant au hasard dans un monde d'images sans enchaînement. Je ne sais pas grand-chose de plus tragique que ce colosse sans force, dernier rejeton d'un des plus vieux arbres princiers d'Europe, mais sentant craquer de toutes parts son bois sec. La folie qu'on lui prête n'est peut-être qu'un immense regret. Il espérait encore vaguement on ne sait quel réveil de sa sève. Or, Wagner disparu, il ne se montre nulle part d'âme surhumaine qui la puisse remplacer et, par quelque transfusion, ranimer la sienne. Car il existe de ces âmes planétaires qui gravitent autour des soleils de la grandeur et vivent de leurs reflets comme de douces lunes mélancoliques. Et celle-ci en est sûrement une. Elle avait voyagé de la constellation de Lohengrin à celle du Grand Roy, de Louis le Bien-Aimé à Marie-Antoinette, de Hamlet à Saverny, sans jamais trouver son rythme, et elle tourne maintenant dans un éther glacé et vide. Et le plus émouvant, c'est que ce fou n'est pas fou.

Il regarde mourir toutes ses espérances de bonheur, il se désole devant ses châteaux inachevés, il fouette ses laquais, il fuit ses ministres, mais il croit toujours en quelque chose : la mission divine de sa couronne. L'étincelle qui subsiste en lui est celle-là. Elle suffit à le justifier de tout, pense-t-il. Et cela explique pourquoi une Excellence, un artiste ou un cocher se confondent pour lui dans la masse des spectateurs qui regardent courir les porteurs de flambeaux.

Ainsi c'est Hesselschwerdt, le chef d'écurie, qu'il charge de ses négociations politiques. La caisse royale est endettée de treize millions. Il s'agit de pourvoir non à leur remboursement, mais à de nouveaux emprunts, de poursuivre les constructions, de balayer le ministère et même le parlement s'ils s'y opposent. « Parle tout de suite à Ziegler (ancien président du Gouvernement), lui écrit-il. Dis-lui que les ministres actuels doivent s'en aller, car ils se sont rendus impossibles auprès de moi. C'est lui qui deviendra ministre s'il arrange les choses comme je l'entends. Il me proposera ses collaborateurs. Schneider (dernier chef du cabinet), tout de suite à la porte, et le remplacer par quelqu'un d'énergique. Si les Chambres sont hostiles, les dissoudre, en nommer d'autres et travailler fortement le peuple, mais en vitesse. Dis-lui qu'en plus des recouvrements … il me faut quelques millions supplémentaires ; tu me procureras le reste. Dis-lui que les bâtisses sont la joie essentielle de l'existence ; que, depuis qu'elles sont honteusement arrêtées, je suis tout à fait malheureux, que je pense à l'abdication, au suicide, que cet état de choses doit cesser, les constructions doivent reprendre, et que, s'il aplanit tout cela, il me rendra la vie … Vite, en avant avec la chambre à coucher de Linderhof, le pavillon de Saint-Hubert et le château de Falkenstein. Mon bonheur en dépend. »

Lutz et Riedel, qui ont la charge des affaires publiques, lui sont devenus insupportables. Il voudrait reprendre M. de Ziegler, mais celui-ci hésite, et finalement s'y refuse. Louis ne trouve personne de sûr, de dévoué. Mais ce qu'il ignore, c'est que déjà se prépare dans l'ombre un vaste complot pour sa déposition. Cette dette de treize millions – somme importante pour l'époque, – l'instabilité de la pensée royale, les nouveaux projets de construction qu'on lui connaît, enfin tout ce qui transpire peu à peu entre les murs insuffisamment clos de ses forteresses aux voluptés suspectes, inquiète les oncles et les cousins du roi. Les princes Luitpold et Louis, barbus raisonnables et de sens rassis, ont peur pour leur dynastie. Il s'agit d'empêcher à temps que le parlement ou même le peuple n'interviennent.

On les comprend. Mais où il faut les blâmer, c'est dans la méthode qu'ils employèrent pour parvenir à leurs fins. La ruse, la force et la trahison étaient-elles bien nécessaires pour se débarrasser d'un rêveur qui ne pouvait même plus compter sur la fidélité de ses domestiques ? Ce roi, déjà sympathique à tous les amateurs de l'extraordinaire, va trouver au dernier acte de sa tragédie la seule grandeur de sa destinée. Comme Hamlet, il va agir tout ensemble pour la première et pour la dernière fois. Il est perdu pour la vie, et sauvé pour la légende. Dès l'instant très proche où il ne sera plus roi, il va devenir un homme.

Dans l'hiver de 1885, Louis II, avec cette divination des êtres pour qui l'intuition est la seule connaissance, sait déjà qu'il ne peut plus compter que sur deux appuis : son aide de camp, le comte de Dürckheim-Montmartin, un fidèle à toute épreuve, et Bismarck. Cela paraît étrange, cet énorme nom du plus dur des logiciens auprès de celui du prince de la fantaisie. Mais Bismarck a toujours aimé le roi Louis II, non seulement parce qu'une fois il lui avait résisté, mais il comprenait ses goûts de monarque absolu, ses vues louis-quatorziennes, son dédain pour toute l'humanité bourgeoise et sentimentale. Ce qui n'empêche qu'en recevant de Sa Majesté bavaroise une lettre pressante, le priant de lui procurer des fonds et de lui donner quelque avis pratique, le chancelier de l'empire répond par d'assez vagues paroles. Nouvelle lettre du roi au printemps de 1886. Bismarck conseille cette fois un emprunt auprès du Landtag, moyennant des garanties ou des hypothèques, et l'engagement de ne plus se lancer dans aucune bâtisse nouvelle. Quant au trésor de l'empire ou aux avances des « puissances d'argent », il n'y faut pas compter. Louis veut suivre cet avis sans voir qu'il est trop tard. Il fait confiance à son gouvernement pour lui venir en aide, quand celui-ci cherche à le perdre. Il ignore que les ministres ont écrit de leur côté à Bismarck pour l'empêcher d'intervenir, et qu'ils lui ont même fait remettre un gros document, signé des médecins psychiatres von Gudden, Hagen, Grashey et Hubrich, le déclarant aliéné et irresponsable. Cette étrange « consultation », rédigée sans examen préalable du malade, est tout entière fondée sur les excentricités du roi, ses opinions politiques d'un germanisme douteux, son attachement à l'ancienne cour de Versailles, son mépris du peuple bavarois, sa manie de la construction, ses amitiés dégradantes. Elle s'étaye sur des anecdotes, des rapports de valets renvoyés ou battus, passés à l'ennemi, sur toutes les trahisons du Judas Hesselschwerdt, qui vend son maître pour un sac de deniers. Tout cela est édifiant, réel, estampillé, scientifique. Le vieux roi Guillaume en est horrifié. Le Kronprinz Frédéric sourit et hausse les épaules. Bismarck se tait. C'est une approbation tacite au complot pour la déposition du roi. La préparation d'une régence se poursuit donc à Munich.

Pendant ces semaines d'avril et de mai 1886, Louis continue frénétiquement sa chasse aux millions. Il sent que son trône, son avenir, sa vie, dépendent uniquement de cette étonnante question financière dont il n'a jamais très bien pu saisir le mécanisme. Comme autrefois avec trois ou quatre pièces d'or il voulait acheter la boutique d'un joaillier, il voudrait à présent, en signant une traite, justifier tout son règne et parachever son œuvre. Il va s'adresser à la maison Rothschild, au shah de Perse. Il établit un projet qu'il soumettra à la famille d'Orléans pour l'emprunt de vingt millions de francs, moyennant l'engagement de la neutralité bavaroise dans la prochaine guerre franco-allemande. Ne dit-on pas qu'il organise en secret une attaque à main armée contre les banques ! Quelle magnifique conclusion c'eût été que ce bolchevisme anticipé dans un monde tourné à l'envers, où le roi se serait fait pincer, la main dans le coffre-fort de ses sujets. Mais on ne va pas nous laisser le temps d'un si rare spectacle. Les médecins déclarent tout examen corporel de Sa Majesté désormais superflu, car les faits parlent d'eux-mêmes et les pièces à conviction sont assez éloquentes. Le prince Luitpold, oncle du roi, se laisse convaincre. C'est un vieillard modeste, un peu hésitant devant une décision si grave, mais conscient de son devoir. Il est regrettable pour son renom qu'il ne se soit pas ouvert à son neveu, en toute franchise et bienveillance, des décisions qu'il va prendre au nom de son peuple. Mais qui ne fait pas de fautes dans de pareils instants ? Il aurait fallu être Bismarck, et Luitpold n'est qu'un Wittelsbach. Celui-ci ordonne donc, dans les premiers jours de juin, qu'une commission gouvernementale sera chargée de se rendre auprès du roi pour lui apprendre de manière officielle et solennelle la proclamation de la Régence et la nécessité de son internement.

Ces messieurs sont au nombre de onze. Leur chef est le baron Krafft von Crailsheim, ministre de la maison du roi et des affaires extérieures. On lui adjoint le comte Tœrring et le comte Holnstein, ce même Holnstein autrefois lié d'une amitié étroite avec le roi et qui lui apporta, en 1871, le « Kaiserbrief » rédigé par Bismarck. On comptait sur sa forte personnalité, sa parole énergique et convaincante, l'influence des souvenirs du passé. Autre faute. Puis M. Rumpler, nommé secrétaire de la commission ; le lieutenant-colonel von Washington, désigné pour être désormais l'aide de camp de Sa Majesté à la place de Dürckheim-Montmartin. Enfin – erreur suprême, et qui prouve qu'on était plus occupé d'aller vite qu'avec dignité – le docteur von Gudden, directeur de l'asile d'aliénés de Munich, son assistant, le docteur Muller, et quatre infirmiers.

Le 9 juin, à deux heures, ces personnages soucieux se mettent en route pour Hohenschwangau, « le haut pays du cygne ». Pauvre cygne, qui ne se doute de rien. Il a même laissé partir en vacances son fidèle Dürckheim. La Commission arrive vers minuit au château, s'installe, soupe et tient conseil. Les avis sont partagés. Holnstein est d'opinion qu'il réussira tout seul à venir à bout de Sa Majesté. Le docteur von Gudden est plus sceptique, mais il a tout prévu, jusqu'à la camisole de force. Avec ça, on ne rate pas son homme. Pendant qu'ils discutent, une oreille fine les écoute, celle du cocher Osterholzer qui, dès qu'il a compris de quoi il est question, pique des deux vers le château de Neuschwanstein. Il informe son maître de ce qui se trame contre lui et le supplie de fuir au plus vite.

Mais Louis n'y peut pas croire, n'y veut pas croire. « S'il y avait quelque danger, dit-il, Hesselschwerdt m'aurait averti. » Un cœur pur ne soupçonne jamais la trahison chez ses amis, alors que c'est pourtant celle qu'il faudrait d'abord prévoir. Louis demeure et attend.

Vers quatre heures, l'aube se lève. Il tombe une pluie fine et des brouillards se déchirent aux sapins des forêts, s'accrochent aux tours du burg wagnérien. Tout à coup, quelques voitures débouchent de la route en lacet et s'arrêtent devant la porte principale. Les gendarmes de garde se portent au-devant des arrivants, s'informent du but de leur visite et leur barrent l'entrée du château. On n'avait pas compté sur l'intervention de ces simples. « Votre roi est malade d'esprit, disent les docteurs, nous venons pour le soigner. » Eux répondent : « Notre consigne est de ne laisser entrer personne. » Pourtant ces messieurs sont en uniforme et couverts de galons. « Notre roi nous a donné ses ordres », répondent les gendarmes imperturbables. Louis est pris d'une colère blanche lorsqu'il apprend que parmi les personnes venues pour « l'arrêter » se trouve Holnstein. Ah ! si seulement son Horatio, son Dürckheim était là ! Ils trouveraient bien moyen à eux deux de sortir de cette impasse. Toutefois, maintenant que le rideau est levé sur son cinquième acte, il va falloir le conduire tout seul jusqu'au bout. Bien certainement sans le savoir, Hamlet de Bavière raisonne en cet instant comme Hamlet de Danemark lorsqu'il songe, juste avant d'accomplir la première et dernière action de sa vie : « ... Nous défions les augures. Il y a une providence spéciale pour la chute d'un moineau. Si c'est maintenant, ce ne sera pas demain ; si ce n'est pas demain, ce sera maintenant ; si ce n'est pas maintenant, cela viendra tout de même. Être prêt, tout est là. Puisque nul homme ne sait ce qu'il quitte, qu'importe de le quitter bientôt ? Que tout s'accomplisse. »

Autographes de Louis II extraits de son journal.

Sur le Starnberg, une croix marque l'endroit où fut retrouvé
le corps de Louis II.

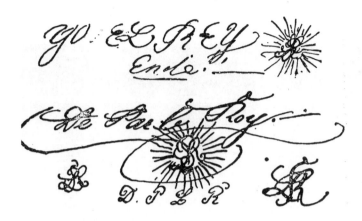

Autographes de Louis II extraits de son journal.

Et aussitôt Louis ordonne : « Qu'on jette en prison le ministre Crailsheim et le comte Holnstein. » Quelques instants plus tard il fait arrêter aussi Tœrring, Washington, ainsi que les deux médecins. Le seul Rumpler est oublié, lequel s'éloigne immédiatement pour télégraphier à Munich les nouvelles. Et le gouvernement saisit tout de suite cette occasion inespérée pour proclamer la Régence.

« Au nom de Sa Majesté le Roi,

« Notre maison royale et le fidèle peuple bavarois viennent d'être frappés, selon les décrets insondables de Dieu, par un triste accident : la maladie grave et incurable de notre bien-aimé neveu, notre très-puissant Roi et Seigneur, Sa Majesté Louis II, maladie qui le met dans l'empêchement d'assumer plus longtemps le pouvoir, ainsi qu'il ressort du titre 2 paragraphe 11 de la Constitution … » etc.

Pendant que ces événements se développent dans la capitale, hauts commissaires et infirmiers sont gardés à vue dans une salle basse du château de Neuschwanstein. Le petit peuple des environs, paysans et montagnards, accourt d'un peu partout pour prêter main-forte à son prince. Et celui-ci rédige fébrilement dans son cabinet quelques ordres qu'un laquais ricanant communique à ces messieurs : « Les traîtres sont condamnés à être scalpés ; on les fouettera à mort ; on leur coupera la langue et les mains … » Les bons gendarmes en sont tout perplexes et les prisonniers nullement rassurés, lorsque arrive subitement le préfet, muni des plus récentes instructions du Conseil de régence. C'est le retour du bâton, la fin de cette résistance vaine. Un à un les commissaires sont remis en liberté afin que le roi ne se doute de rien ; et leurs voitures, dissimulées dans la forêt, les remmènent vers la prochaine gare.

Sur quoi un cheval fourbu gravit la montagne du cygne, un cavalier en descend à qui tout le monde présente les armes, et Dürckheim-Montmartin s'élance au secours de son prince. Enfin ! Ils s'enferment tous deux dans la chambre du roi et préparent la contre-offensive.

« Moi, Louis II, roi de Bavière, je me vois obligé d'adresser à mon bien-aimé peuple et à toute la nation bavaroise l'appel suivant :

« Le prince Luitpold projette, contre ma volonté, de s'élever à la régence de mon pays, et mon ci-devant ministère, ayant trompé mon peuple sur l'état de ma santé, prépare des actes de haute trahison.

« Je suis aussi sain de corps et d'esprit que tout autre monarque, mais la haute trahison se développe avec tant de surprise et de rapidité qu'il ne me restera plus le temps nécessaire pour prendre les mesures utiles contre les criminels agissements du gouvernement.

« Dans le cas où les desseins du prince Luitpold viendraient à se réaliser et où il réussirait contre ma volonté à s'emparer du pouvoir, je charge mes amis fidèles de sauvegarder mes droits par tous les moyens et en toutes circonstances.

« J'attends de tous mes fidèles fonctionnaires, et en particulier de mes officiers et soldats, qu'ils se souviennent du serment solennel par lequel ils m'ont engagé leur foi. Qu'ils me demeurent fidèles dans ces heures difficiles, et qu'ils m'aident à combattre les traîtres ... »

Mais il est trop tard, et cette proclamation ne parvient pas à ses destinataires. Dürckheim télégraphie à Kempten, pour y lever le bataillon de chasseurs. Trop tard aussi. Les contre-ordres de la Régence sont déjà donnés sur tout le territoire du royaume et le télégraphe est entre ses mains. Le tenace aide de camp envoie quand même un courrier jusqu'à la frontière autrichienne, d'où des dépêches sont expédiées à Bismarck et au roi de Prusse. Trop tard encore. Car lorsque la réponse platonique du chancelier revient, et le conseil de se présenter devant les Chambres pour les faire juges de son état, « tout est accompli », comme l'écrit Shakespeare. Dürckheim reçoit deux fois l'ordre de se rendre à Munich. Une première fois il s'y refuse. A la seconde, il s'y soumet de confiance et se voit immédiatement arrêté.

A peine ce dernier ami parti, deux hauts fonctionnaires du nouveau gouvernement se présentent aux portes de Neuschwanstein, escortés par des officiers de gendarmerie, les médecins psychiatres et les infirmiers. C'est le lendemain de leur première visite, soit le vendredi 11 juin, un peu avant minuit. Dès que la nouvelle garde, désignée la veille, leur a ouvert la grille, un laquais se précipite au-devant des arrivants pour les conjurer de se hâter vers l'appartement royal, parce que Sa Majesté, arrivée au paroxysme de l'énervement, menace de se jeter par la fenêtre de l'une des tours. On n'a pu jusqu'ici lui en barrer l'accès qu'en prétextant que la clé en était égarée. Des dispositions sont prises immédiatement, les issues des corridors bouchées, les infirmiers dissimulés tout autour du chemin où le roi doit passer s'il veut accomplir son projet. Puis le même laquais lui est dépêché avec la clé de sa délivrance. Ils attendent que se joue dans cette pauvre tête le drame de la résolution.

Un grand silence. Puis des pas fermes. La porte de l'appartement s'ouvre, Louis paraît, gigantesque, donnant des ordres indistincts à ce valet courbé. A l'instant, surgissent de tous côtés des hommes, la retraite est coupée, le roi est pris. Avant qu'il ait pu faire un geste les infirmiers lui ont paralysé les bras et le docteur von Gudden s'avance :

— Sire, dit-il, j'accomplis le plus triste devoir de ma vie. Votre Majesté, sur l'avis de quatre médecins, est déclarée irresponsable. Le prince Luitpold a assumé la Régence. J'ai reçu l'ordre d'accompagner Votre Majesté à Berg cette nuit même. Si vous l'ordonnez, Sire, la voiture avancera à quatre heures.

Le docteur Muller rapporte que le roi dit, douloureusement et à plusieurs reprises :

— Ah ! mais que me voulez-vous donc ? Que signifie tout ceci ?

Puis il rentre dans sa chambre, balançant un instant sur ses jambes de droite et de gauche, comme un arbre qui va choir. Mais cela n'a rien de très surprenant, puisque ce peuplier foudroyé est bien près de s'abattre. Le médecin-chef lui présente ses aides. Le roi reprend :

— Mais comment pouvez-vous me déclarer malade, vous ne m'avez jamais examiné !

— Sire, cela n'est pas nécessaire : les preuves sont accablantes.

— Et combien de temps durera la cure ?

— Il est dit dans la Constitution que si le roi, pour une raison quelconque, ne peut gouverner pendant plus d'une année, la Régence doit être déclarée. Une année serait donc le terme le plus court.

— Eh bien, répliqua le roi, cela ira sans doute plus vite. C'est bien facile de se débarrasser d'un homme.

— Sire, dit le docteur, mon honneur me fait un devoir de ne pas répondre.

Comme prévu, on monte en voiture à quatre heures pour se rendre au château de Berg. Le roi est seul dans sa calèche, mais les docteurs ont pris la précaution d'enlever les loquets des portières. Le voyage s'effectue sans incidents et l'on arrive à destination le samedi 12 juin vers midi. Louis fait quelques plaisanteries en constatant que sa vieille demeure familiale est entourée de palissades toutes neuves, qu'on a percé dans les portes des guichets d'observation, que les couteaux ont été supprimés du service de table, enfin que sa maison est transformée en une sorte d'asile de fous privé. Il se couche de bonne heure et se réveille le lendemain, dimanche de la Pentecôte, tout à fait calme. Ce même dimanche, 13 juin, le docteur von Gudden expédie à Munich une dépêche rassurante : « Ici tout va parfaitement bien. » Il faut être médecin des âmes et guérisseur patenté pour lire avec tant de finesse derrière le regard grillagé de ces merveilleux acteurs que sont les neurasthéniques.

Vers cinq heures, le roi prend une petite collation, puis il fait inviter le docteur von Gudden à l'accompagner à la promenade, comme celui-ci le lui a promis. Ils se mettent en route de compagnie, à six heures et demie, et s'en vont paisiblement au long d'une allée qui longe le lac de Starnberg. Le docteur déclare avant de partir que la présence d'un infirmier est complètement inutile. Du reste, cette promenade ne durera qu'une heure, une heure et demie au plus. Enfin, il se sent tout à fait de taille à calmer Sa Majesté en cas d'alerte. Donc, ils partent sous un ciel bas et noir d'orage vers les profondeurs du parc.

Bientôt l'horizon s'obscurcit davantage et, bien qu'on soit arrivé aux jours les plus longs de l'année, il fait déjà presque nuit. Il commence de pleuvoir. Sans doute les promeneurs ne vont-ils pas tarder à rentrer. Sept heures et demie ; huit heures. Huit heures et demie. Il pleut à verse maintenant. Personne. Le docteur Muller s'inquiète. Il envoie deux gendarmes en battue dans le parc tandis qu'il monte la garde devant le château. Personne encore. Dès neuf heures, tout le personnel est alerté et des recherches plus actives commencent. Le parc est arpenté dans tous les sens, mais les patrouilles reviennent les unes après les autres sans nouvelle aucune des deux promeneurs. La nervosité augmente. Un peu avant dix heures, une dépêche urgente est expédiée à Munich : « Le roi et Gudden partis en promenade, pas encore rentrés ; les recherches dans le parc sont en cours. » A dix heures et demie enfin se produit un grand mouvement : un domestique apporte le chapeau de Sa Majesté orné de son agrafe en diamant, qu'il vient de ramasser au bord du rivage. Quelques moments plus tard on trouve non loin de là le chapeau du docteur, puis la veste du roi, enfin un parapluie. On court vers le lac. On réveille un pêcheur. Muller, ses infirmiers et l'intendant du château montent en barque et commencent une exploration plus dramatique. A peine rament-ils depuis un instant que l'intendant pousse un cri, saute dans l'eau peu profonde où il saisit un corps qui flotte presque en surface. C'est le roi, en manches de chemise. A quelques mètres plus loin, un second corps : Gudden. On les hisse l'un après l'autre dans le bateau. Les deux sont raides, froids, sans pouls, sans souffle. Muller tente aussitôt des tractions de la langue et une respiration artificielle. C'est en vain. Il y a plusieurs heures sans doute qu'ils sont morts. La montre du roi s'est arrêtée à 6 h 54.

On retourne à terre. Il y a du monde rassemblé là, venu de partout. Il faut aller chercher des civières. Et voici que, comme au troisième acte du *Crépuscule des Dieux*, se forme le cortège funèbre de Siegfried. Mais un Siegfried sans amante et qui ne laisse après lui aucune douleur inconsolable. Dans cette nuit de la Pentecôte de 1886, on ramène silencieusement, à la lumière de quelques lanternes, un pauvre grand corps glacé. Le corps d'un noyé. Peut-être, qui sait, le corps d'un assassin. Car Muller s'est penché vers Gudden et il a relevé sur son front et sur son nez d'assez profondes égratignures. Puis, au-dessus de l'œil droit, une ecchymose importante provenant, dirait-on, d'un coup de poing reçu en plein visage. Un autre témoin, venu dès l'aube du lendemain, le comte Philippe Eulenbourg, dit avoir vu « sur le large cou du médecin les marques terribles de la strangulation ».

Ainsi il est possible, sinon probable, que Louis fut l'agresseur et qu'avant d'entraîner son gardien vers le lac, il a cherché à l'assommer, puis l'étrangla. L'autre dut se défendre. Et tous deux, étroitement mêlés, se firent cadeau de la mort.

Le roi voulait-il sa liberté ? Mais vers quel avenir espérait-il diriger sa fuite ? Vengeait-il simplement sa grandeur déshonorée ? Ou enfin – dérision suprême – ce geste énergique, le seul de tout son règne, ne fut-il même pas prémédité, mais l'acte impulsif d'un dément ? Ce serait perdre sa peine que chercher une réponse forcément gratuite à ces questions. N'expliquons rien. Il y a là deux cadavres, voilà tout.

Celui du roi est dans sa chambre, sur un lit de parade.

Mais la porte s'ouvre, une femme entre. Le hasard l'a conduite à Possenhofen juste au moment de cette tragédie. Elle n'a eu que quelques pas à faire pour cette dernière visite à son compagnon de l'île des Roses. Cependant rien ne saurait émouvoir cette impératrice déjà morte et que tant d'autres morts autour d'elle n'amèneront jamais à incliner, si peu que ce soit, sa fière petite tête de révoltée. Dans moins de trois ans, Rodolphe, son fils unique, expirera sur un lit taché du sang d'une jeune fille. Un peu plus tard, sa sœur Sophie, qui fut la fiancée de ce noyé, brûlera vive dans l'incendie du Bazar de la Charité. Elle-même, sur le quai du Mont-Blanc, à Genève, elle marchera un jour vers son hôtel, toute droite, avec le couteau d'un anarchiste planté dans son cœur.

Lorsqu'on porte en soi et dans sa famille une telle destinée, la mort n'effraye plus. C'est la seule visiteuse qu'on puisse traiter en égale, une vieille amie de la maison. Au surplus, celui qui est couché là, elle-même, la plupart des artistes, n'ont-ils pas donné leur vie à une recherche bien différente du bonheur : à cette chose vague et en même temps précise, éphémère et passionnante, insaisissable comme le vent mais convaincante comme la joie, qui s'appelle l'illusion ?

Elisabeth se penche curieusement vers ce grand enfant, devenu en quelques heures un homme, mais tué dès sa première rencontre avec la vérité.

Étoy, avril 1928.

Extraits de la correspondance
de Louis II et de Richard Wagner

Nous donnons dans les pages suivantes quelques extraits de la correspondance entre Louis II et Richard Wagner, publiée en allemand par Otto Strobel. Ces lettres, presque toutes inédites en français, sont présentées ici dans une traduction nouvelle.

Ce choix a été fait non seulement avec le souci de retenir les éléments les plus importants de la correspondance, mais encore de marquer les étapes d'une extraordinaire passion spirituelle, significative du tempérament exalté des personnages et du ton propre à l'époque postromantique. Il fallait rester fidèle à l'emphase de Wagner et à la gaucherie lyrique du roi Louis II, mais pour rendre la lecture de ce choix moins irritante au lecteur français, il était indispensable d'alléger certaines phrases particulièrement chargées en métaphores.

Si dans les premières lettres nous avons recherché la plus grande fidélité, nous avons évité par la suite l'éternelle répétition des mêmes thèmes en isolant les extraits dont le contenu marquait une évolution psychologique, un événement extérieur ou un progrès de la création wagnérienne.

Première lettre de Louis II à Richard Wagner.

Le 5 mai 1864.

Monsieur,

Je confie au conseiller Pfistermeister le soin de s'entretenir avec vous au sujet d'un appartement convenable. Je veux faire l'impossible, soyez-en convaincu, pour vous dédommager de vos souffrances passées. Je désire écarter à tout jamais de votre personne les vulgaires soucis de la vie quotidienne, je veux vous préparer le repos auquel vous aspirez, afin que vous puissiez déployer en toute paix dans le pur éther de votre art délectable les ailes puissantes de votre génie !

Inconsciemment, dès ma plus tendre adolescence, vous étiez la source unique de mes joies, celui qui parlait à mon cœur comme personne, mon meilleur maître et mon éducateur, mon ami. Je veux vous payer de tout dans la mesure de mes forces ! Oh ! la joie avec laquelle j'ai attendu l'instant de pouvoir le faire ! C'est à peine si j'osais nourrir l'espoir d'être si vite en mesure de vous prouver mon amour.

En vous saluant très cordialement.

Votre ami, Louis, Roi de Bavière.

Louis II à Richard Wagner.

Hohenschwangau, le 8 novembre 1864.

Mon bien-aimé, mon unique ami,

Tel le soleil majestueux lorsqu'il chasse les brumes mornes et angoissantes pour répandre autour de lui lumière et chaleur, suaves délices, m'est apparue aujourd'hui votre précieuse lettre m'apprenant, mon cher ami, que vous êtes délivré des douleurs qui vous torturaient et que vous vous trouvez sur la voie d'une rapide guérison. Penser à vous est un réconfort qui me fait paraître plus légères les difficultés de mon labeur ; aussi longtemps que vous vivrez, la vie me sera également merveilleuse et dispensatrice de bonheur. O mon bien-aimé, mon Wotan ne doit pas être condamné à mourir pour revivre en Siegfried ; il doit vivre et jouir longtemps encore de la présence de son héros !

J'applaudis entièrement à votre projet de soumettre quelques chanteurs à un enseignement sévère qui se ferait sous vos yeux. Je pense que cette expérience sera couronnée de succès. Je suis même convaincu que ce serait le seul moyen d'obtenir une interprétation véritablement satisfaisante des *Nibelungen*.

Veuillez demander à M. Friedrich Schmitt, je vous prie, de bien vouloir se mettre en quête de quelques interprètes doués pour le chant et de commencer aussitôt l'enseignement. — Si nous réussissions à engager ce chanteur de Francfort, ce serait une joie pour moi ; peut-être pourrait-on lui confier, outre les rôles de Wolfram et de Courvenal que vous indiquez, ceux du comte de Telramund et du Hollandais volant ? Hélas ! notre Kindermann n'est guère doué, si ce n'est du point de vue vocal, et il lui sera difficile de satisfaire aux exigences supérieures de vos œuvres. A mon avis, il serait très souhaitable de trouver un ténor plus jeune, capable de remplacer un jour M. Schnorr ; je crains que l'apogée de ce chanteur si doué ne soit pas de longue durée ; il souffre, paraît-il, d'un mal sérieux.

Le mal en question était une obésité envahissante et contre laquelle aucun remède ne semblait efficace.

J'ai lu avec un très vif intérêt votre texte d'initiation au *Hollandais volant* ; soyez remercié de votre envoi. Le plaisir de la représentation en sera double pour moi, puisque je pourrai grâce à vous suppléer par la pensée aux défaillances éventuelles. Vos autres ouvrages contiennent-ils aussi de ces commentaires d'initiation à l'intention des principaux protagonistes ? Puis-je vous prier de me les adresser, au cas où vous en posséderiez ? Ce serait d'un grand intérêt pour moi, comme tout ce qui vous concerne, vous et votre œuvre.

De tout cœur, je me réjouis et j'attends avec impatience cette heure où mon ami bien-aimé m'initiera aux secrets et aux merveilles de son art, qui sauront me rendre fort et véritablement heureux. Ici, dans mon cher Hohenschwangau, je passe mon temps dans le silence, mais dans la joie. Un calme bienfaisant y règne ; j'y trouve plus de temps pour la lecture ; actuellement je lis des ouvrages sur Shakespeare et sur le *Faust* de Gœthe. Le climat fortifiant de la montagne exerce sur moi une influence bénéfique ; presque tous les jours je fais une excursion à cheval.

J'apprends que la première représentation du *Hollandais volant* doit avoir lieu le 27 de ce mois ; je n'y assisterai pas, car il arrive souvent que des imperfections se glissent dans une première représentation et le plaisir de l'auditeur est certainement plus grand au cours des représentations suivantes, les interprètes ayant eu le temps de prendre plus d'assurance.

Mon intention est d'éduquer le public munichois par l'audition d'œuvres sérieuses et remarquables comme celles de Shakespeare, Calderon, Gœthe, Schiller, Beethoven, Mozart, Gluck et Weber, qui le conduiront à l'élévation de l'âme et au recueillement. Ces œuvres, en déshabituant le public des pièces à thèses vulgaires et frivoles, pourront le préparer aux merveilles des vôtres, dont elles lui faciliteront l'intelligence, car du sérieux de l'art tout devra être pénétré.

Et maintenant j'envoie à mon cher ami une photographie peinte de moi, qui est, je crois, le portrait le plus réussi que l'on ait fait de ma personne ; je vous l'adresse, ayant la ferme conviction que c'est vous qui m'aimez le mieux de tous ceux qui me connaissent ; je ne crois pas me tromper sur ce point. Puissiez-vous en le regardant songer de temps à autre que celui qui vous l'envoie vous est dévoué d'un amour qui durera éternellement, qu'il vous aime de la flamme la plus puissante dont un homme puisse aimer.

Votre Louis.

Richard Wagner à Louis II.

Munich, le 12 novembre 1864.

Mon Bien le plus cher, mon Tout précieux !
Mon Roi !

Seule la musique aurait le pouvoir d'exprimer les sentiments éveillés hier en moi, une fois de plus, par la lettre vibrante et plus gracieuse qu'il n'est possible de mon bienveillant souverain ! Je venais justement de consigner dans mon journal une note hâtive sur le déroulement de ma vie au cours de ces deux derniers mois : or j'ai pris pour habitude de consigner uniquement certains traits frappants, de les retracer pour ainsi dire à l'intention des yeux, comme pour fixer le souvenir de la sensation intérieure ; et c'est ainsi que pour conserver les impressions recueillies lors de ma dernière entrevue avec mon très noble ami, j'avais résumé en ces mots l'émotion laissée par son image : « En uniforme de feld-maréchal — exaltant ! » Je savais que cette note brève permettrait à tout jamais à mon imagination de ressusciter cette heure merveilleuse.

Nous avons eu la curiosité de nous reporter au journal de Wagner où nous avons découvert cette note plus laconique parmi d'autres consignées à la même date : « *Début octobre à Munich : hôtel. Friedr. Schmitt. Musique anniversaire (Nohl). Le roi au château (uniforme de feld-maréchal).* »

Quelle ne fut donc pas ma surprise de recevoir au même instant le portrait que m'offrait mon roi très généreux. Car ce que je venais de noter dans mon journal, cette vision se présentait réelle et délicieuse à mes regards ! Une fois de plus j'ai senti qu'une Providence particulière régit et conduit les hasards mêmes de ma vie dans la mesure où ceux-ci se trouvent liés à mon prestigieux protecteur. Je ne puis plus ignorer cette puissance magique qui s'est emparée de ma vie, comme sous une impulsion divine, infiniment bienfaisante, me disposant à la Beauté et m'incitant avec fougue aux plus nobles actions. C'est ainsi que maintenant ma dernière rencontre avec mon royal ami, après s'être si profondément gravée en mon âme, se présente à mes yeux par la grâce miraculeuse de ce portrait du brillant jeune homme qui est tout, tout pour moi, comme une incarnation précieuse et immédiate, chargée de souvenirs ! Quelle coïncidence merveilleuse ! Mais voici, mon Roi bien-aimé, que mes plaintes vont éclater aussitôt ! Pour la première fois, mon ange tutélaire m'a causé une véritable douleur ! Je ne pouvais en croire mes yeux lorsque dans cette lettre infiniment gracieuse je lus soudain que Votre Majesté avait l'intention de ne pas assister à la première représentation du *Hollandais volant*. Je ne puis décrire à mon noble ami la frayeur que m'a causé cette nouvelle ! Mon protecteur adoré ignore-t-il donc que je ne vis plus qu'à travers lui et pour lui ? Toute activité, tout effort sont dépourvus de sens à mes yeux s'ils ne sont un hommage, une réalisation destinés à mon souverain ? Je me sens incapable d'assumer la direction de cette première, si elle doit être autre chose qu'une représentation offerte à mon ami si cher, lui qui seul me donne la force de faire ce que je fais. Et combien regretterais-je d'autre part que mon protecteur, lui si sensible et compréhensif, se refuse à l'impression toute particulière et combien irremplaçable que donne justement une première représentation ! J'ai toujours été témoin de l'enchantement qui anime de telles premières. Il se peut que plus tard bien des imperfections se corrigent, que l'ensemble gagne en assurance : l'extraordinaire émotion et la tension fiévreuse des moindres interprètes créent pour cette unique occasion un courant de chaleur qui ne peut être suscité en eux que par cette rare agitation et qui disparaît nécessairement très vite dès que les répétitions suivantes les font retomber dans les chemins battus de leur tempérament. Aussi de telles premières ont-elles dans des circonstances aussi particulières quelque chose de spontané, de créateur, je dirais même de génial qui ne peut être qu'une fois et que la mise au point, plus tard, ne remplacera que péniblement. Non ! je vous en prie et vous en conjure : Pas de première sans mon royal ami ! Si Votre Majesté n'est pas de retour pour le 27 novembre, oh ! alors, remettons la représentation de quelques jours ! Je vous en prie ! Je vous en conjure ! De tout mon cœur je vous en conjure !

Voici que mon bienveillant maître va connaître toute ma faiblesse : je ne puis plus rien réussir sans lui ! Je me demande avec stupéfaction si mon Roi l'ignorait, ou s'il n'accordait pas une pleine croyance à mes assurances sur ce point ! Je le répète donc encore une fois ! La « vie » est achevée pour moi : je suis pleinement et totalement résigné. Seule la nécessité de la création artistique me soutient encore : pour satisfaire à cette nécessité, il me fallait être dispensé amicalement de tous les soucis quotidiens, et seul mon royal ami pouvait m'accorder une telle dispense. C'est donc à lui seul que j'appartiens. C'est lui qui me conserve en vie, c'est lui qui crée mon art et — sans lui — mes œuvres n'ont plus aucun sens pour moi ! Tout avec lui ! Sans lui, rien !

Tel est mon acte de foi ! Pour tout ce que décidera mon très noble ami, que ce soit son fil conducteur, dans la mesure où sa volonté est que je vive et que je crée !

Je suis si anxieux que je me sens incapable d'ajouter quoi que ce soit à ce credo essentiel de mon existence régénérée. Que mon sublime ami veuille au plus profond de son âme en peser le contenu et fortifier en lui cette foi – si indispensable à moi-même – que je ne vis et n'agis plus que pour lui !

Si j'aimais une femme je lui dirais : permets-moi de mourir dans ton amour ! Mais VIVRE, je ne le peux et ne le dois que pour mon roi !

Il en est ainsi ! Car je ne suis plus qu'une seule chose : de mon très cher et très gracieux ami, de mon roi et maître vénéré la plus intime propriété.

Richard Wagner.

Louis II à Richard Wagner.

Le 26 novembre 1864.

Mon ami bien-aimé,

Bien que je songe à revenir à Munich d'ici quelques jours et que j'espère pouvoir bientôt (après expédition des affaires courantes, etc.) saluer mon cher et unique de tout mon cœur (comme toujours) et être fréquemment avec lui, je ne puis cependant résister à l'aspiration intérieure qui me pousse à lui adresser quelques lignes.

Ainsi que vous l'avez appris, cher ami, par le conseiller d'État Pfistermeister, j'assisterai, et cela avec le plus grand plaisir, à la première représentation du *Hollandais volant* ; soyez convaincu que je comprends mon bien-aimé, que je sais et que je sens qu'il ne veut plus créer que pour moi seul ; de même que ma vie vraie n'existe qu'en lui et par lui. Nulle douleur, nulle inquiétude ne peut me toucher, aucun voile, aucun nuage ne peut m'obscurcir l'existence à condition que cette étoile brille dans mon firmament ; tout mon être lui est attaché !

Aujourd'hui j'ai écrit au roi de Saxe en lui demandant de bien vouloir accorder au chanteur Schnorr, dans le mois qui vient, un congé de dix à douze jours. Comme je me réjouis de ce concert où je dois entendre des fragments de vos autres œuvres, comme je me réjouis de voir Schnorr dans le rôle d'Erik ! J'espère réussir par la suite à l'attacher définitivement à Munich ! Avec quelle nostalgie je songe à *Tannhäuser*, à *Lohengrin*, à *Tristan* !

J'ai pris la décision de faire construire un grand théâtre en pierre, afin que la représentation de la Tétralogie des *Nibelungen* atteigne à la perfection ; il faut à cette œuvre incomparable une salle digne d'elle ; puissent vos efforts en vue de former des chanteurs dramatiques être couronnés d'un beau succès ! Quant aux détails concernant ce théâtre je compte en discuter avec vous ; bref, la citation que vous faites dans votre préambule à la Tétralogie doit entrer dans la vie ; avec vous je m'écrie : « Au commencement était l'action. »

… … …

Richard Wagner à Louis II.

Extrait
Le 9 mars 1865.

Mon Roi !
Mon ami bien-aimé !

Il me faut donc prendre la plume pour mettre fin à un état qui ne peut durer plus longtemps si je ne veux que se consume la moelle de mon âme !

Que mon sensible ami juge de ce que peut être la condition où je me trouve ! Le 6 février dans l'après-midi, je me présentai à la porte de mon très noble ami, sur son invitation, lorsque se produisit cette chose monstrueuse : on m'en refusa l'entrée et l'on me fit descendre dans la cour. Comme raison de ce refus, on invoqua, non pas une indisposition de mon Roi, mais une profonde contrariété éprouvée à mon égard. Dès lors se répandent des rumeurs grandissantes sur la disgrâce dans laquelle je serais tombé. Certaines accusations prononcées contre moi se précisent, que je reconnais aussitôt comme totalement mensongères et que – contraint et forcé – je désigne publiquement comme telles. Mes plus sombres présomptions, mes doutes les plus angoissants rencontrent enfin les paroles affectueuses de mon ami, me confirmant sans tarder, avec une grandeur et une dignité royales, que mon entière innocence n'a jamais été mise en cause, et que peut-être même tout ce tissu de mensonges ne l'avait seulement pas touché. Cependant aucune prière de celui qui souffrait si profondément, aucune promesse de l'ami dispensateur de joies n'a permis jusqu'ici l'accomplissement de mon désir le plus ardent, celui de pouvoir approcher mon noble protecteur, de communiquer avec lui, les yeux dans les yeux. Tout récemment pourtant l'occasion de cette rencontre s'offrait d'elle-même par la présence de l'artiste Schnorr, qui se trouvait à Munich sur votre instance. Et voici que, d'une façon pour moi inconcevable, on m'oppose un refus manifestement tissé de mensonges, et que mon aimable chanteur, interdit et chagrin, se voit éconduit comme moi.

Entre-temps, je reçois de mon très noble ami des messages, des épanchements qui m'inondent comme d'une gloire céleste, et dont le contenu m'ouvre l'accès d'un univers de merveilles et de beauté, tel qu'il advint à mon âme d'en soupçonner l'existence sans que jamais cependant mon regard étonné en pût voir la réalité. Je reconnais que l'amour ainsi révélé ne m'accorde aucun droit, mais au contraire m'impose des devoirs, des devoirs sacrés et sublimes qui doivent me rendre indifférent à mon bonheur personnel. Si ce n'était cependant que par égard pour celui-ci, je n'aurais aucune raison pressante de considérer ma situation comme insupportable : mais je suis en droit d'espérer que mes déclarations officielles ont suffi à me protéger contre le renouvellement des attaques indignes auxquelles j'ai été exposé de la façon la plus impitoyable. Les avantages de ma situation matérielle, telle que je la dois à la générosité de mon protecteur, me sont conservés ; aucun obstacle ne vient par ailleurs entraver mes aspirations artistiques, puisqu'on a su reconnaître que ces desseins sont aussi ceux du noble ami de mon art. Si je n'étais en souci que de moi-même, je pourrais obéir facilement à ceux qui me conseillèrent de laisser agir le temps.

Mais, je le sens, l'artiste et l'homme, que la masse des ignorants chercherait à séparer, sont indissolublement liés en moi. Mon cœur souffre, et du coup mon esprit languit. Je ne peux et ne dois demeurer loin de l'ami adoré, quand je suis si proche de lui. Si je voulais supporter cet état de choses, je devrais laisser en moi s'éveiller le reproche d'avoir dans une certaine mesure abusé de la grâce suprême de mon Roi : je frémis devant le terrible mensonge de ce reproche et je m'arme d'un orgueil qui préfère le pire, plutôt que de se rendre coupable tacitement d'un aveu infamant.

Comment prononcer cependant ce que cet orgueil me souffle ? Comment exprimer ma décision en m'adressant à ce cœur d'une divine pureté qui m'enveloppe de bonté céleste et sacrifie à ma délivrance son bonheur personnel ?

Voici l'affreux précipice !

Si tout ici n'était pas si profond, si noble et si divinement délicat, comme il serait aisé alors pour l'homme fatigué de la vie, éprouvé par tant de tortures, de crier à l'ami :

« Mon Roi ! Je suis pour toi une cause de troubles : permets-moi de partir, de m'en aller là où ne me poursuivra pas le regard de l'envie et de l'incompréhension, dans un pays lointain :

« Séparés, qui saurait nous disjoindre ?

« Éloignés l'un de l'autre, nous ne serons jamais désunis ! »

… … …

Louis II à Richard Wagner.

Le 10 mars 1865.

Bien-Aimé, Ami cher par-dessus tout !

Ému d'une douleur profonde, je saisis la plume pour répondre à la lettre que vous m'avez adressée hier.

Je me vois obligé de vous faire une révélation qui vous touchera durement. A quel point il me coûte de le faire, vous pouvez l'imaginer. Songez à l'amour dont je me sens attiré vers vous, songez à la braise de cet éternel amour, qui, comme vous le savez depuis longtemps, mon ami bien-aimé, ne pourra jamais s'éteindre, et mesurez la profondeur de ma tristesse ! Je suis obligé d'apprendre à l'Unique que des circonstances dont je ne suis pas le maître, qu'une nécessité qui m'impose ses chaînes de fer me fait un devoir sacré de ne pas vous parler, du moins actuellement. Mon amour vous restera fidèle jusqu'à la mort, et cela, je le sais, vous n'en douterez point.

L'espoir nous soutiendra l'un et l'autre, et nous donnera force et courage ; que serait l'homme sans ce précieux bien du Ciel ? Oui, j'espère fermement en des temps plus heureux où nous nous verrons et nous parlerons comme naguère !

L'affreuse entrave disparaîtra ! Du courage ! Nous réussirons ! Dure destinée, combien imprévisible ! L'amour est capable de tout ! Nous vaincrons !

Éternellement, votre Louis.

Louis II à Richard Wagner.

Le 14 avril 1865.

Ami bien-aimé et unique !

Mes remerciements les plus affectueux pour le travail que vous m'avez adressé l'autre jour et pour vos deux lettres qui me sont tellement précieuses ! Avec quel intérêt j'ai lu votre projet d'élever une école de musique allemande ! Tel est le seul chemin, je le conçois clairement, qui nous permettra d'atteindre le but auquel nous aspirons ! Tout devra être suivi avec exactitude !

Aujourd'hui c'est une fois de plus le vendredi saint ! Journée sainte, en vérité inconcevable ! Dieu lui-même fut homme, Il nous enseigna comment nous autres, pauvres hommes, devons nous aimer : Lui, le divin Rédempteur ! « O Puissance éternelle de l'amour sacré ! »

O Parsifal !!! Quelle béatitude contient cette seule pensée ! Oh ! tout, je le pressens, sera accompli ! ...

Vous me demandez, mon ami bien-aimé, comment je vais, ce que j'éprouve ? Mon indisposition sera passagère, je n'ai eu de la fièvre qu'avant-hier ; d'ici quelques jours j'espère pouvoir profiter de l'air printanier si rafraîchissant, si vivifiant ! Comme je me réjouis de pouvoir bientôt ressortir à l'air libre ! Comme j'aspire aux parfums de la forêt, au clair azur du ciel, aux fleurettes de nos prairies, au gracieux chant des oiseaux ...

J'espère revoir bientôt le bien-aimé ! Je veux être joyeux et gai, puisque j'apprends que vous l'êtes ; si je vous sais heureux, je le suis moi-même !

Avec un plaisir profond j'ai appris que les répétitions de *Tristan* se passent bien ! Ah ! quelle béatitude, le jour de la première représentation ! Actuellement, je lis *Tristan et*

Iseult de Gottfried von Strassburg ; ce poème contient bien des merveilles ! ....

Voici que revient le mois des délices ! Je puis à peine vous décrire combien me rendent heureux tous les souvenirs du mois passé ; le plus bel espoir, la plus forte aspiration de mon âme a trouvé son accomplissement ! Oh ! je suis à toi pour la vie, à toi pour la mort !

« Heureux dans la souffrance comme dans la joie Seul l'Amour nous accorde de l'être. »

Éternellement votre Louis.

Louis II à Richard Wagner.

Extrait
Le 20 avril 1865.

Mon ami bien-aimé !

Une nécessité intérieure me pousse à vous écrire, à vous dire que je déborde de bonheur, puisque j'ai appris que vous êtes satisfait et que les répétitions de *Tristan* se déroulent à votre gré. Qui, il y a un an, aurait songé à cette magnifique réussite ! A cette époque j'envoyai Pfistermeister à la recherche du soleil de ma vie, de la source de mon salut ! Vainement, il vous chercha à Vienne et à Zürich ; tous les frissons des plus exaltantes délices me parcoururent, lorsqu'il me dit : l'objet de vos aspirations est là, ne veut demeurer que là.

O soir bienheureux, où je reçus cette nouvelle.

« *Et lorsque, en vérité, je te vis devant moi,*
Je reconnus en toi d'une façon certaine le messager venu sur le
conseil de Dieu. »

Le roi se plaisait à citer librement, en les interprétant à sa façon, certains passages des poèmes de Wagner.

Je serais très heureux, cher ami, s'il était possible de donner *Tristan et Yseult* au Théâtre de la Cour, même pour la première fois ; le Théâtre de la Résidence me semble absolument inadapté à la représentation de telles œuvres. Si seulement les projets de Semper aboutissaient enfin ! Il m'avait promis de vous envoyer ses plans pour la construction du théâtre provisoire. Pour Pfistermeister, je l'ai chargé d'ébaucher le monumental Théâtre des Fêtes de l'avenir et de m'envoyer son projet. Je vous prie, très cher ami, d'en déterminer l'emplacement. En esprit j'entends déjà y résonner les accents de *l'Or du Rhin* ! Maintenant il faut que je termine. Au revoir, ami très cher, étoile de mon existence ; comme toujours,

Votre éternellement fidèle, Louis.

Louis II à Richard Wagner.

Le 10 mai 1865.

Bien-Aimé !

L'exaltation de mon cœur ne me laisse aucun repos : il faut que je vous écrive. La journée de béatitude approche de plus en plus : « *Tristan* va naître ! » Pas le moindre instant de calme, aucune joie pure ne peut m'échoir en partage, si je dois craindre que l'auteur de ces délices surnaturelles, que mon unique, pour qui je suis disposé à accepter la mort à tout instant, ne soit pas entièrement satisfait, si je me vois forcé de croire qu'un nuage obscurcit son ciel.

Hélas, je ne puis satisfaire chacun de vos désirs en ce qui concerne les loges ; en tout cas, cependant, il faudra qu'il y en ait au moins une qui vous soit réservée, pour vous, très cher, et quelques-uns de vos amis ! Ne vous découragez pas, je vous en conjure ; jusqu'à présent vous n'avez jamais pu échapper à la nécessité de vous battre avec les malheureuses conditions de la vie de théâtre ; maintenant tout approche du plus pur accomplissement ! Que la perfection soit dorénavant notre devise ! Je ne perds pas courage ! *Tristan* sera le premier pas décisif sur la voie de la perfection à laquelle nous tendons ! « Accomplissement ! » Le jour arrivera où cette parole remplira nos oreilles de félicité !

Il nous faut abattre les barrières de l'habitude, saper les lois d'un monde vulgaire et égoïste. L'idéal doit entrer dans la vie et il y entrera ! Sûrs de la victoire, nous voulons aller de l'avant ; Bien-Aimé, je ne te quitterai jamais ! O Tristan, Tristan s'approchera de moi ! Les rêves de mon enfance et de mon adolescence s'accomplissent ! Je veux vous préserver de tout contact vulgaire et vous porter très haut au-dessus des misères terrestres. Que vous soyez dans la béatitude !

Mon amour pour vous et pour votre art grandit de plus en plus en moi et cette flamme d'amour sera porteuse de salut et de délivrance. Oh ! écrivez-moi, j'y aspire !

> Jusque dans la mort, votre fidèle Louis.

Richard Wagner à Louis II.

Munich, le 9 juin 1865.

Mon cher Roi !
Mon ami le plus cher !
Demain *Tristan* deviendra réalité.

Je reviens à l'instant de la dernière répétition. Notre état d'esprit à tous est solennel et grave. Demain à une heure je consommerai avec mes quelques rares initiés, les trois personnes auxquelles je puis transmettre mon œuvre et mon activité, un repas d'une simplicité toute particulière : je le leur ai annoncé comme la dernière Cène des apôtres. Ils m'ont compris et m'ont promis de venir.

Nous connaissons le sens profond de cet ouvrage et de sa représentation enfin réalisée !

Des conditions extraordinaires se sont trouvées une fois de plus réunies ici pour conférer à mes entreprises l'étrange signification dont le poids me fatigue enfin jusqu'à m'étouffer. La tension terrible des quatre dernières semaines m'a appris une fois de plus de quel poids, insupportablement lourd, tout doit me peser. Ainsi les choses ont évolué de telle sorte que la journée de demain doit prendre la valeur d'une dernière question posée au destin, la question : dois-je persévérer, ou dois-je chercher pour moi un ultime repos ?

Je suis fatigué à mourir ! Cette question, je la pose en élevant mon regard. Les yeux dans les yeux de celui dont le rayonnement me dispense la vie éternelle.

Mon unique bien ! Mon merveilleux ami ! Mon Roi ! Certainement toi aussi tu comprendras mon interrogation ! Recevez la bénédiction du suprême bonheur d'un cœur comblé ! Le jour viendra où vous comprendrez ce que je dépose à vos pieds : c'est l'univers entier que j'ai fait mien par mon pouvoir de sympathie !

Le plus gracieux, le plus affectueux salut de l'âme au très noble, à l'élu, au bienheureux,

de son fidèle
Richard Wagner.

Louis II à Richard Wagner.

Berg, le 10 juin 1865.

Ami très cher, que j'aime par-dessus tout !

Ai-je besoin de vous décrire mon exaltation, ma béatitude ? Aujourd'hui, enfin, enfin ! *Tristan !* Les délices que Dieu seul confère ! O mon ami, je ne m'étonne pas que vous soyez d'humeur grave et fatigué des horribles souffrances que vous avez eu à subir ! Mais la compréhension de vos amis, la satisfaction qui doit ce soir vous échoir en partage, puisse tout cela vous faire oublier vos chagrins ! L'ardeur de la plus haute joie vous insufflera un nouvel enthousiasme, un nouveau courage, une force créatrice nouvelle ! Je vous en conjure, mon bien-aimé, par tout ce qui vous est cher et précieux, ne laissez pas fléchir votre courage, pour l'amour de l'art authentique éternellement sacré ; songez à la grandeur de notre but, il vaut plus d'un sacrifice ! Par la souffrance vers la victoire ! Ne vous découragez pas. Que le jour insipide ne fasse pas faiblir la flamme de notre enthousiasme ; il ne peut nous toucher, nous tromper, nous qui sommes voués à la nuit : Ainsi sommes-nous morts pour vivre inséparablement, éternellement, éternellement, à tout jamais entièrement livrés à nous-mêmes uniquement en vue de « l'Amour ».

« Ce qui seul clairement m'apparaît
Est que l'œuvre sacrée survivra à jamais.
Que le fleuve du temps détruise les nuages
Nous nous appartiendrons dans l'éternité. »

Je veux te montrer le chemin du salut.

Aujourd'hui même ! Comment puis-je supporter un pareil bonheur ?

Votre éternellement fidèle, toujours aimant,

Louis.

Louis II à Richard Wagner.

Linderhof, le 29 juin 1865.

Mon ami bien-aimé, ma consolation, mon salut !

… … …

Je dois considérer *Tristan* comme mon bien propre, il ne sera représenté sur aucune autre scène, c'est ce que m'écrit mon ami bien-aimé ; mon plus chaleureux merci, ainsi que pour toutes les marques de votre amour ; oui, cette œuvre de la plus pudique des muses brillera telle une étoile dispensatrice de joies sublimes dans le pur éther de l'art sacré ; puisse-t-elle ne jamais être souillée, puisse-t-elle ne jamais servir à satisfaire la futile curiosité des habitants de cette terre. Et maintenant : *l'Anneau des Nibelungen.* Vous voulez me la dédier, cette œuvre divine ? Que vous dire ? Il n'existe pas de mots pour cela. Rien au monde ne m'a jamais rempli d'une joie pareille ni ne m'en donnera d'égale à celle que me vaut cette offrande.

Vous parlez, mon très cher, d'un poème que vous pensez publier en tête de la *Valkyrie* ; oh ! mettez ce projet à exécution ! Le monde peut entendre parler de notre amour. Vous me promettez l'achèvement de votre grande œuvre et vous ajoutez qu'au cas même où nous devrions nous séparer, cette œuvre se réalisera. Mais jamais nous ne nous séparerons, notre volonté est de nous unir au contraire de plus en plus ; quitte à ce que j'en vienne à me retrancher entièrement du monde, ce que je pense faire de toutes façons, si un jour mon Unique devait ne plus être là. Ainsi sommes-nous morts pour n'être point séparés ...

> Votre ami Louis.

Ce poème accompagne effectivement la dédicace de *la Valkyrie* à Louis II. Par la suite Wagner prit l'habitude d'adresser des poèmes au roi à l'occasion de son anniversaire ou de la création d'un nouvel opéra. Le roi s'efforçait dans ses réponses de maintenir le ton.

> *Louis II à Richard Wagner.*

> Pürschling, le 4 août 1865.

A l'Unique ! A mon ami bien-aimé !

Avant tout je vous exprime mes remerciements les plus chaleureux pour vos deux lettres si précieuses : j'ai reçu la première dans le beau château de Hohenschwangau, la deuxième ici, dans le chalet de Pürschling, dont le site offre aux regards une beauté si merveilleuse. Vous croyez, dites-vous, que chacune de nos dernières rencontres ne m'a apporté que douleur et inquiétudes, et vous m'en exprimez votre chagrin. Mais dois-je rappeler à mon bien-aimé les paroles de Brunhilde ? Ce n'est pas seulement dans les joies et les délices, mais dans les souffrances aussi que « l'amour » rend bienheureux. Le Seigneur vous accordera force et courage pour porter la lourde épreuve ; il couronnera le martyr. Mon ami ! puis-je vous demander de tout mon cœur de signer la feuille que je vous présente : je suis convaincu que l'entretien d'un équipage ne pourra que vous être du plus grand bien, en même temps qu'il vous rendra service.

Après avoir retiré ses faveurs à Wagner sur l'instance de ses ministres, Louis II le comble de cadeaux.

De plus en plus, je suis contraint de me rendre à l'évidence : tous nos projets, tous les efforts que nous faisons pour encourager l'art sacré ne sont compris que de quelques rares élus ; les décisions du ministre de l'Instruction publique m'en fournissent une preuve nouvelle ; jamais cervelle humaine a-t-elle engendré une telle somme de bêtise ? Non, cela ne peut continuer ainsi, il faut trouver d'autres chemins vers le salut. Le Conservatoire doit être entièrement séparé du ministère et les frais qui en découleront devront être couverts par la liste civile. L'œuvre doit prospérer, l'action doit entrer dans la vie ! Mon bien-aimé ! Tout sera accompli, toute aspiration sera satisfaite. La flamme de l'enthousiasme, qui m'incendie plus intensément chaque semaine, ne devra pas avoir brûlé en vain ! le fruit doit parvenir à sa maturité ! Que vous viviez ! Et que vive l'art ! Dieu veuille que le séjour parmi les cimes des montagnes, dans la libre nature, dans nos forêts allemandes soit salutaire à l'Unique, lui souffle joie et bonne humeur, allume en lui la flamme de la création ! Et quand nous deux ne serons plus depuis longtemps, notre œuvre servira d'éclatant exemple à une lointaine postérité, elle ravira les siècles et c'est dans l'enthousiasme que les cœurs brûleront pour l'art, cet art d'essence divine, éternellement vivant !

Quand mon ami songe-t-il à se rendre au Hochkopf, au sein des effluves savoureux de la forêt ? Si le séjour en ce lieu ne devait pas lui convenir parfaitement, je prierais le très cher de choisir pour domicile l'un de mes autres chalets de montagne ! Ce qui est mien lui appartient tout naturellement ! Peut-être nous rencontrerons-nous alors en chemin entre la forêt et le monde, ainsi que s'est exprimé mon ami ! Où Siegfried séjournera-t-il alors ? Aura-t-il réveillé Brunhilde ? Ah, quand donc disparaîtra la vaine pompe de la splendeur des dieux ? Quand apparaîtra donc la Rédemptrice, quand rendra-t-elle au Rhin l'anneau ravi aux profondeurs ? O Nibelungen, o vainqueur, o Parsifal ! Pardon ! Pardon ! mon ami bien-aimé ! La nostalgie ne me laisse aucune paix ! Lorsque je songe à Lohengrin, que je songe à mon Tristan, lorsque je considère qu'un esprit ayant engendré de pareilles délices ne peut être surpassé, si ce n'est par lui-même, que dans des millénaires personne d'égal à lui n'est appelé à donner au monde pareille béatitude, lorsque je songe à tout cela, je ne puis me taire, je ne puis retenir les instances de l'âme ; je suis obligé d'implorer, de conjurer : Ne laisse pas décliner ton courage, ta force créatrice ne t'abandonnera jamais ! Songe à la postérité !

… … …

Le roi et Wagner avaient pris pour habitude de s'identifier à certains personnages du compositeur ; plus tard, Louis II parle au confident de ses ministres en les confondant avec certaines divinités malfaisantes de la Tétralogie (Mime, Fafner, etc.) dont il leur prête le nom.

Louis II à Richard Wagner.

Le 27 août 1865.

Mon Unique et mon Tout !
Ami par-dessus tout aimé !

Il me presse de vous exprimer de toute mon âme les remerciements les plus chaleureux pour votre chère lettre et le merveilleux cadeau ! *Or du Rhin ! Or du Rhin !* O ravissement, jubilation de mon cœur ! Je ne puis vous décrire de quelle joie exaltante me remplit votre envoi ! Écrit de la propre main du magnifique ! Je sais l'estimer à son juste prix, la valeur de ce don céleste ! De votre amie Mme Bülow, j'ai reçu également un cadeau plein d'esprit et qui m'est bien précieux, puisqu'en un instant, comme par enchantement, il fait passer devant mes yeux chacune de vos œuvres sublimes ! Nous qui sommes vos amis, nous voulons nous mettre au travail et nous hâter, tandis que le bien-aimé, retranché de l'univers terrestre, pourra rêver et créer dans les sphères de ses royaumes de délices. La nouvelle école d'art doit bientôt voir le jour, Bülow devra en assurer la direction, je vous le promets ; il faut néanmoins que j'observe une certaine prudence ; il le faut ! Mais ne perdez pas courage pour autant ! Votre volonté sera faite !

Votre fidèle Louis.

Le présent offert par Mme de Bülow était un coussin brodé de scènes d'opéras wagnériens.

Louis II à Richard Wagner.

Hohenschwangau, le 5 septembre 1865.

Je me permets d'adresser une seule question à mon ami bien-aimé au sujet de Parsifal. Pourquoi notre héros n'est-il converti que par le baiser de Cundry, pourquoi ce baiser lui est-il nécessaire pour que devienne claire sa mission divine ? Ce n'est qu'à partir de cet instant qu'il peut pénétrer dans l'âme d'Anfortas, qu'il peut comprendre son inconcevable misère, sentir avec lui ! Oh ! que ne pouvons-nous toujours être ensemble ! A Munich, il faudra que nous nous parlions au moins une fois par semaine ; je ne puis supporter de demeurer plus long-temps sans mon Unique ; ce calme, ce calme dont j'ai un si grand besoin ; je n'ai pu le trouver ici présentement, là-haut je le regagnerai ! Si je sais heureux le bien-aimé, je le suis moi aussi, mes pensées et mes sentiments vont uniquement vers lui : oh ! si seulement je pouvais bientôt avoir de ses nouvelles !

Bonheur et bénédiction à l'Unique !

Son fidèle Louis.

J'ai lu ces temps derniers combien l'art était honoré chez les Hellènes ; avec quel sérieux ils l'envisageaient ! De nouveau je me sentais transporté d'un enthousiasme que rien ne peut refroidir ! Une fidélité jusqu'à la mort, voici ce que je lui jure, au prêtre consacré du pur art divin !

Richard Wagner à Louis II.

Munich, le 7 septembre 1865.

Mon bien-aimé, mon très gracieux ami !

M'imaginer désormais le monde sans vous, non, je ne le pourrais ! J'ai le sentiment d'avoir déjà perdu jusqu'à l'usage de mes sens : il ne me reste plus qu'un cerveau pensant, alimenté et maintenu vivant par un cœur débordant de chaleur. Désormais cœur et cerveau, à l'état de veille comme en rêve, sont entièrement occupés à construire des mondes nouveaux qu'il m'est impossible de voir et d'entendre moi-même, mais que seuls peuvent percevoir l'œil et l'oreille de mon ami : s'il en tire du réconfort ce sera la preuve de ma réussite.

Je soupçonnais ce suprême pouvoir de l'amour : vers la fin du deuxième et dans le troisième livre de *Opéra et tragédie*, je donnais à ces rapports une expression nostalgique : celle de l'amour qui unit l'homme mûr à un homme plus jeune. Il ne s'agissait nullement pour moi du père et du fils, des liens naturels de cette sorte étaient parfaitement absents de mon esprit ; je les nommais simplement : l'homme mûr et le plus jeune ! Non pas maître et disciple, car cela implique une hiérarchie, et je voulais l'égalité parfaite ; il ne devait y avoir qu'une différence d'âge, qui est un stimulant divin. L'œuvre d'amour de ces deux êtres me paraissait devoir être la véritable « œuvre d'art de l'avenir ». Or dans son sens le plus élevé cet idéal est atteint : NOUS sommes là ! Cependant, j'en conviens, je me sens souvent pris de vertige ! Ce bonheur infini peut-il m'être permis ? Les fruits de votre royal amour ne commencent que maintenant à pénétrer ma conscience immédiate. L'univers ne peut imaginer d'autre ressort que la gloire à l'activité créatrice de l'artiste : la plupart ignorent sans doute que l'aspiration à la gloire est déjà vanité en soi, et que jamais rien d'authentique ne peut naître de ce qui est faux. Ainsi la gloire même est-elle incapable de satisfaire l'artiste vraiment créateur. Par là se distingue précisément le grand artiste : s'il pouvait être comblé par la célébrité, il entretiendrait sa gloire en se contentant de reproduire le modèle de ses travaux passés. Tel est en général le cas pour les talents médiocres. Mais ce qui caractérise le grand artiste, c'est que jamais il ne s'arrête aux œuvres qui fondèrent sa réputation, mais s'élève vers des sphères de plus en plus audacieuses et va jusqu'à y risquer sa gloire : car rares et de plus en plus rares sont ceux qui peuvent encore le suivre : aux yeux de ses contemporains, il disparaît dans les nuées et seule la postérité sait l'y reconnaître et trouver les chemins qui mènent jusqu'à lui. Malheur à celui qui dépend de ses contemporains au moment où il œuvre pour la postérité : Le seul bonheur du créateur est de pouvoir poursuivre sa voie paisiblement dans les nuées pour n'appartenir qu'à lui-même et à sa création. Et si c'est l'amour, l'amour véritable et authentique qui lui permet d'y séjourner : alors il lui a été donné de rencontrer un bonheur qui lui donnerait presque le vertige !

… … …

« Quelle est la signification du baiser de Cundry ? » C'est un terrible secret, mon bien-aimé ! Vous connaissez, bien sûr, le serpent du paradis et sa séduisante promesse : « Eritis sicut dei, scientes bonum et malum. » Adam et Ève acquirent la connaissance. Ils devinrent conscients du péché. C'est cette connaissance que le genre humain doit réparer dans l'avilissement et la misère jusqu'à ce qu'il soit sauvé par le Christ qui prend sur lui le péché des hommes.

Mon très cher ami, puis-je dans une matière si lourde de sens m'exprimer autrement qu'en symboles et comparaisons ? Le sens profond, même celui qui voit les choses clairement ne peut le transmettre. Adam, Ève : Jésus-Christ. Ne pourrait-on risquer ce rapprochement : Anfortas, Cundry : Parsifal ? Mais il y faut de la prudence ! Le baiser qui fait sombrer Anfortas dans le péché éveille en Parsifal la pleine conscience de la faute dont souffre pitoyablement cet être ; ses plaintes lui deviennent lumineuses dès que sa propre compassion lui en révèle les raisons profondes ; un éclair le traverse : « Ah, c'est donc là le poison qui rend malade celui dont je n'avais pas, jusqu'alors, compris la misère ! »

Ainsi sa connaissance est-elle supérieure à celle des autres hommes, et particulièrement à celle de tous les chevaliers du Saint-Graal qui n'avaient cessé de croire qu'Anfortas se plaignait d'une blessure de lance ! Parsifal regarde plus au fond. Et c'est ainsi que regarde aussi plus en profondeur celui qui ne s'en tient pas aux opinions de l'univers entier, qui ne croit pas, par exemple, que j'ai souffert de l'échec de mon *Tannhäuser* à Paris, ou du silence des journaux. Oh non ! mes souffrances sont plus profondes ; mais qui veut les comprendre doit avoir entendu dans mes œuvres ce qui échappe à l'auditeur superficiel. Par bonheur, il ne s'agit pas de la conscience d'avoir péché, mais bien plutôt de celle du rachat du péché du monde. Qui a su entendre cela dans mes œuvres ?

Généreux ami ! Vous voyez comme je bavarde avec vous ! Certes j'aurais beaucoup de choses à vous raconter, si seulement vous le souhaitiez de temps à autre. Vous raconter toute ma vie, tout ce que j'ai vu et ressenti dans une confiance intime, Dieu ! Quelle douce, quelle merveilleuse, quelle ultime jouissance de la vie ! Vous aimer, être aimé de vous, mon ami le plus proche, quel bonheur divin cela représente pour moi ! Je ne veux rien, sinon jouir de ce bonheur sans nuage et dans la dignité : et d'autre part c'est vous seul qui pouvez m'accorder ce bonheur ! Ainsi j'ai beau tourner et retourner ces pensées, toujours je demeure enfermé dans le même cercle et toujours je suis et demeure celui que vous avez racheté.

Richard Wagner.

....

Louis II à Richard Wagner.

Deelberhütte, le 11 septembre 1865.

J'ai emporté avec moi le merveilleux projet de *Parsifal*, pour le lire ici plus à fond parmi les sommets fleuris : combien le repos sacré dans la libre nature de Dieu, les prés parfumés et couverts de fleurs me rappellent notre héros ! Oh ! il vivra, je le sais. Je vous demande pardon, cher ami, de vous avoir demandé l'autre jour la signification du baiser de Cundry ! Ah ! recueillement, repos !

....

Louis II à Richard Wagner.

Hohenschwangau, le 24 novembre 1865.

Mon ami le plus cher !

C'est d'une joie délirante que m'a pénétré votre dernière lettre ! Savoir le bien-aimé heureux ! Tout à la soif de créer, songeant à moi avec amour ! Soyez assuré que je prendrai à cœur votre conseil au sujet du nouveau secrétaire. Je veux que rien jamais ne m'induise en erreur, jamais je ne faillirai !

Wagner, qui jusque-là avait refusé tout conseil au roi dans les domaines étrangers à l'art, commence à se mêler de la conduite des affaires d'État et cherche à influencer Louis II dans le choix de son entourage.

Que dois-je entendre au sujet de Bülow ! Comme cette nouvelle m'a attristé ! Elle me remplit d'une inquiétude profonde. Je dois convenir que jamais je n'ai considéré Bülow comme un homme susceptible de se laisser aveugler par de vains succès, comme je serais porté à les appeler. Les hommes dont nous avons besoin pour réaliser nos aspirations si hautes doivent avoir confiance en eux-mêmes, avancer, sûrs de la victoire, tout mettre en œuvre pour atteindre notre idéal, ne se laisser rebuter par aucun obstacle. Dieu veuille que Bülow n'abandonne pas notre drapeau ; mais je suis contraint d'en voir le premier pas dans ce que vous m'écrivez à son sujet. J'espère encore beaucoup de l'influence exercée par sa femme, des encouragements qu'elle lui donne. Combien je me réjouis d'apprendre de plus amples détails au sujet des nouveaux liens que vous avez noués.

Rien dans la lettre de Wagner ne permet d'identifier la personne dont il s'agit.

J'espère qu'au baryton viendra bientôt se joindre un ténor auquel nous puissions faire entièrement confiance. Que tout ce qui est grand et noble paraît donc rare sur terre ! Oh ! que n'est-il possible aux hommes d'atteindre une connaissance claire et profonde !

Siegfried tient bon, soyez-en assuré ; il restera toujours fidèlement aux côtés du voyageur. Les fruits de l'œuvre qu'ils créent ensemble doivent mûrir pour le bienfait et le salut des plus lointaines générations ; avec le voyageur, Siegfried veut et doit diriger son regard vers le crépuscule des dieux. Toute existence sans lui est pour lui la mort. Inébranlable fidélité.

Entièrement à vous, Louis.

P.S. Une question seulement ; c'est presque en rougissant que je la pose au très cher, car il s'agit d'un modeste détail. C'est au sujet d'un tableau vivant où doit paraître Lohengrin ; vous me disiez l'autre jour que l'armure du héros ainsi que ses jambières devaient être en écailles d'argent ; est-ce que (comme le voulait la coutume au Moyen Age) un morceau d'étoffe doit descendre du heaume sur le dos du chevalier (de couleur, bleu ciel par exemple ?) ou le héros porte-t-il un manteau ? Excusez-moi !

On lit dans les chroniques du château de Hohen-schwangau : « Le 21 novembre (1865) au soir fut tiré un somptueux feu d'artifice, parfaitement organisé par

M. Penkmayr, machiniste de théâtre. Après le feu d'artifice, fut représentée sur le lac alpestre la scène de l'arrivée
du chevalier au cygne. Un grand cygne superbement imité
d'après nature tirait une barque sur le lac, avec Lohengrin
que représentait l'aide de camp, le prince Paul de Tour et
Taxis. Le chevalier, la barque et l'oiseau étaient
merveilleusement illuminés à l'aide d'un éclairage électrique, tandis qu'un orchestre jouait l'accompagnement
de *Lohengrin*. Cette représentation fut répétée le lendemain soir sur la demande instante de Sa Majesté le Roi. »

Louis II à Richard Wagner.

Hohenschwangau, le 3 décembre 1865.

Mon ami cher !

Voici arrivée la fin de mon séjour ici ; je me rendrai
demain à Partenkirchen et j'arriverai mardi, tard dans la
soirée, à Munich. O mon ami bien-aimé, « la torture de
ces derniers jours fut grande » ; bien fatigants aussi et bien
mornes pour moi seront les premiers jours de Munich ; il
faudra du temps avant que j'accède au repos dont j'ai tant
besoin. L'article des *Dernières Nouvelles* a grandement
contribué à empoisonner la fin de mon séjour ici. Cet
article a été écrit sans aucun doute par l'un de vos amis
qui pensait ainsi vous venir en aide. O mon ami, comme
on nous rend les choses terriblement dures ! Cependant, je
ne peux pas me plaindre, puisque je l'ai, LUI, l'ami,
l'unique ! Ne nous plaignons pas, sachons résister aux
menaces perfides en persévérant dans notre chemin ; reti-
rons-nous du monde, il ne nous comprend pas !

L'amie m'a adressé en votre nom *Art et climat* ; de tout cœur je vous en remercie. C'est avec plaisir que je lui aurais écrit, mais mes heures sont comptées actuellement ; transmettez-lui bien des choses de ma part. Oh ! comme je suis ravi d'apprendre que vous êtes auprès de Siegfried !

Je vous prie de me nommer la calomnie qui se trame contre moi ; je vous en conjure, très cher ; oh ! ce monde noir et vicieux, rien ne lui est sacré ! cependant, penser à vous me redonne du courage, jamais je n'abandonnerai l'Unique ; quel que soit le supplice que nous impose la fureur du jour, nous nous demeurerons fidèles : le Ciel est contenu dans cette pensée.

Puis-je demander au très cher de me donner réponse au sujet de Kaulbach, de Genelli et du costume de Lohengrin ?

Je voudrais être avec vous dans la forêt de Siegfried, me réjouir en esprit du chant des petits oiseaux ; oublier le dur entourage plongé dans la nuit et l'aveuglement ; que notre amour brille clair et pur. Combien je suis heureux d'apprendre que Semper travaille courageusement, en toute confiance ; je vous prie de m'indiquer très exactement les passages de ses œuvres que vous croyez particulièrement captivants ; mais qui sait quand je retrouverai le temps de lire à Munich !

Maintenant il me faut conclure ; soyez heureux et joyeux, mon ami bien-aimé, saluez de tout cœur votre héros de ma part ; ayez confiance, l'ami ne vous abandonnera jamais. Fidèle jusque dans la mort.

Votre Louis.

Richard Wagner à Louis II.

Munich, le 6 décembre 1865.

Mon très cher Roi !

Il m'est très douloureux que vous souffriez, alors que le plus simple usage de votre autorité vous procurerait la paix. Les raisons inconnues de moi qui vous retiennent de le faire, je les respecte ; de tout cœur je vous remercie de la belle et grave lettre par laquelle vous m'en informez. Une plus grande preuve d'amour ne pouvait m'être donnée que ce tendre refus de suivre mon conseil. Les royaux bienfaits que vous m'avez rendus, étant donné que je puis en profiter comme d'une émanation de votre amour le plus pur et le plus noble, me mettent en état de travailler à l'accomplissement de mes œuvres dans un parfait oubli du monde, ces œuvres dont la création doit vous importer davantage que leurs futures représentations.

Ces bienfaits salutaires ont cependant une fois de plus, par la trahison de vos fonctionnaires, été présentés sous un jour qui menace d'être accablant pour moi, chargé de reproches pour vous. Des journaux de trente-sixième ordre, dont quiconque est soucieux de son honneur tente de cacher ou de nier la lecture, ne cessent de prétendre qu'outre la faveur royale de quarante mille thalers (que je considère d'ailleurs comme un prêt à vie), j'ai su, au cours de l'année écoulée, m'emparer d'un butin de cent quatre-vingt mille thalers. Or cette somme est identique à celle que votre premier secrétaire et chef de cabinet, au mois de septembre dernier, dans une lettre adressée à Mme de Bülow, désignait comme relevant cette année des dépenses destinées à la « musique ». Il se peut qu'il ne faille attacher aucune signification particulière au fait qu'interrogé sur cette étrange comptabilité, le secrétaire esquiva des précisions plus détaillées ; mais que ce soit là précisément cette somme qui figure actuellement dans les journaux n'est certes pas dépourvu de signification ! Ce rapprochement n'aurait-il de sens que pour moi, je me tairais, car il y a bien longtemps que je sais à quoi m'en tenir sur certains caractères ; mais le peuple n'est pas sourd aux insinuations, et les meilleurs amis, même, ne sont pas sans entendre ce que, en raison de sa signification fâcheuse, je préfère éviter de définir plus exactement.

Wagner ayant été prié d'une façon fort cavalière de se présenter à la Trésorerie royale pour y encaisser un bon, Mme de Bülow voulut s'y rendre à sa place pour lui éviter un affront. Cette démarche fut interprétée de la façon la plus malveillante ; la rumeur publique considéra que, non content d'entretenir Wagner, le roi entretenait dès lors sa « maîtresse ».

Mon cher Roi ! Je crois qu'il est de mon devoir vis-à-vis de vous et de moi-même de publier une déclaration au sujet des plaintes élevées contre moi.

Ce n'est pas à moi de punir les indiscrétions commises, mais il est indispensable que je les signale officiellement. A cette fin je choisis une forme pour laquelle je demande l'approbation de mon noble protecteur : et en tout premier lieu, je vous prie d'user de votre sévérité royale pour ordonner au secrétariat de la cour de procéder à la publication de la déclaration suivante : à savoir que « les informations données dans les journaux en ce qui concerne les sommes prélevées par moi sur la caisse royale sont absolument erronées et infiniment exagérées ».

… … …

Tout à vous, Richard Wagner.

La déclaration dont il est question ici est en réalité anté-
rieure à cette lettre. En voici le texte intégral :

Munich, décembre 1865.

Aux amis sincères, qui, comme on me le dit, tiennent à
recevoir une explication au sujet des hautes faveurs qui
m'ont été accordées, je me permets de donner satisfaction
en fournissant les précisions suivantes.

Lorsque, il y a quatre ans, je revins en Allemagne sans
patrie, certains amis appartenant à un milieu de grands
artistes marquèrent l'intention d'ouvrir une souscription
nationale, pour me permettre d'assurer mon indépendance en mettant à ma disposition les moyens financiers
que les succès de mes œuvres m'auraient rapporté si, au
lieu d'être composées pour l'Allemagne, elles l'avaient été
pour la France ou l'Italie. Je me suis opposé à la réalisation de ce projet, parce qu'il me paraissait impossible d'en
informer les véritables amis de mon art sans que fatale-
ment le grand public fût lui-même au courant ; or jusqu'à
présent, pour ma part, je n'ai jamais eu à me louer du
jugement de ce public en ce qui concerne les conditions de
la vie artistique. Si ce que j'ai refusé là-bas, je l'ai accepté
aujourd'hui avec reconnaissance de la générosité d'un roi,
c'est que je savais le bienfait dont je bénéficiais confié à la
discrétion de fonctionnaires royaux, si bien que je ne
devais qu'à mon royal bienfaiteur, et à personne d'autre,
des éclaircissements quant à la conduite de ma vie.
S'il avait été porté atteinte à cette discrétion, cela corres-
pondrait à un manquement dont je croirais être
injustement condamné à porter les conséquences, au cas
où je me verrais contraint à fournir des explications dont

l'indécence et le caractère blessant m'avaient déterminé à les éviter, voici quelques années, lorsque j'avais alors repoussé le geste généreux des amis qui cherchaient à m'honorer.

J'espère que ce sentiment sera compris et que toute autre explication saura m'être épargnée de la part de ceux qui conservent une pensée intègre.

Louis II à Richard Wagner.

Munich, le 7 décembre 1865.

Mon ami cher !

Quel que soit mon regret, je suis obligé de vous prier de donner suite à mon désir, que je vous fis exprimer hier par l'entremise de mon secrétaire. Croyez-moi, j'ai été contraint d'agir ainsi. Mon amour pour vous durera éternellement ; je vous demande à mon tour de me conserver votre amitié ; en bonne conscience je puis dire que j'en suis digne. Séparés, qui saurait nous désunir ?

Je le sais, vous sentez avec moi ; vous mesurez totalement ma douleur profonde ; je ne pouvais agir autrement, soyez-en convaincu, ne doutez jamais de la fidélité de votre ami le meilleur. Ce n'est pas pour toujours.

Jusque dans la mort,

Votre fidèle Louis.

(Autant que possible et conformément à votre désir, la chose sera tenue secrète.)

Richard Wagner à Louis II.

Mon très cher Roi !

Très certainement vous ne sauriez être dans l'erreur sur la durée de mon éloignement. Je vous prie pour cette raison de m'accorder quelques jours, afin qu'il me soit possible de mettre, dans la dignité, un certain ordre à ma maison et à mes affaires. Je ne fais que procéder aux préparatifs de mon départ, qui, ainsi que je vous l'ai dit, aura lieu dans quelques jours. Ne permettez pas qu'on me bouscule d'une façon indigne, ni que je sois importuné de quelque autre manière. Faites confiance à ma générosité et avant tout à mon amour pour vous, qui m'interdit de susciter une inquiétude dont vous ou qui que ce soit d'autre risquerait de pâtir. En revanche, je vous demande instamment que mon départ – ainsi que vous me l'avez promis – demeure inaperçu. « Pour ma santé », j'ai l'intention de me rendre sur les bienfaisants rivages du lac de Genève. En partant je vous laisserai mon testament provisoire. Le plus léger doute, même quant à votre amour, m'est absolument étranger. Conservez-moi votre protection. Rendez-moi heureux en cultivant notre idéal !

… … …

Louis II à Richard Wagner.

Le 8 décembre 1865.

Mon ami très cher, que j'aime de tout mon cœur !

Les mots ne peuvent suffire à décrire la douleur qui me torture au plus profond de moi-même. Tout ce qui est en

mon pouvoir sera fait pour démentir ces misérables informations parues tout récemment dans un journal. Oh !
qu'il ait fallu en arriver là ! Nos idéals seront fidèlement
cultivés ; je pense à peine avoir besoin de vous l'affirmer.
Écrivons-nous souvent et beaucoup, je vous le demande
comme une faveur, nous nous connaissons bien, n'est-ce
pas, et nous n'accepterons jamais d'être infidèles à l'amitié
qui nous unit ! C'est pour l'amour de votre tranquillité
que j'ai dû agir ainsi. Ne me méconnaissez pas, fût-ce un
seul instant ; ce serait pour moi une souffrance d'enfer.
Salut à l'ami le plus aimé ! Prospérité à ses créations, salut
de toute mon âme.

Votre « fidèle » Louis.

Louis II à Richard Wagner.

Munich, le 21 avril 1866.

Mon ami fidèlement aimé ! Mon Tout !

Combien tout ce que vous m'avez écrit dans votre
précieuse lettre est vrai ! Combien me rendent fier la
solide confiance, l'inébranlable foi que vous conservez si
fidèlement ! Cette aspiration qui est mienne, cette forte
voix intérieure est si puissante que je ne puis me contenter
de la nommer une espérance ; non, c'est une magnifique
vérité, c'est le suprême bonheur de la certitude ; ce sentiment allume en moi une flamme nouvelle, un nouvel
enthousiasme ; il ne peut donner naissance à aucun
découragement, à aucun désespoir.

Avec quelle joie j'apprends que votre séjour momentané
à Lucerne, au bord du bien-aimé lac des Quatre-Cantons,

vous est agréable ; vous m'avez écrit que vous vouliez demeurer là jusqu'à ce que publiquement, devant le monde entier, je puisse de nouveau vous convier à revenir à Munich. Dès à présent je communique à l'ami mon intention de le prier de reprendre ici avant l'hiver prochain sa résidence permanente …

Votre Louis.

Louis II à Cosima de Bülow.

Munich, le 21 juillet 1866.

Très chère amie !

Ne soyez pas effrayée par le contenu de cette lettre, je vous le demande instamment. Je ne l'écris pas sous l'effet du désespoir ou d'une profonde tristesse, comme vous risqueriez de le croire, oh non ! Je suis à la fois grave et triste. Dans votre dernière lettre de Munich vous m'avez rappelé que je vous avais dit naguère, dans une heure très grave, qu'il n'était pas pour moi de devoir plus haut que le devoir d'amour, ce devoir sacré issu de Dieu même ! Très chère amie, telle est ma foi, et c'est selon cette foi que je veux vivre et mourir.

Je me sens intérieurement contraint de vous dire qu'il m'est tout à fait impossible de rester séparé plus long-temps de l'être qui est mon tout. Je ne puis le supporter. Nous sommes destinés l'un à l'autre, c'est pour lui seul que je suis sur terre ; de jour en jour je le sens avec plus de certitude. Or il est impossible qu'IL demeure près de moi ; oh ! chère amie, je vous assure qu'on ne me comprend pas ici et qu'on ne me comprendra jamais ; tout espoir dispa-raît ; et, là-dessus, jamais le temps ne changera rien, l'éloignement d'un membre du cabinet ou d'un ministre n'apportera pas de solution ; en tant que roi, je ne puis être uni à lui, les étoiles ne nous sont pas favorables. Or cela ne peut plus durer ; non ! non ! car sans lui mes forces vitales déclinent, je suis seul et abandonné partout où il n'est pas ; nous devons être unis pour toujours ; le monde ne nous comprend pas ; en quoi d'ailleurs celui-ci nous concerne-t-il ? Très chère amie, je vous en prie, préparez le bien-aimé à ma décision : je veux renoncer à la couronne ; qu'IL me soit pitoyable et n'exige point que je supporte plus longtemps ces tortures infernales ; c'est là ma destination véritable et divine : rester à ses côtés comme un ami aimant et fidèle, ne jamais l'abandonner ; dites-le-lui, je vous en prie ; représentez-lui que c'est là aussi une façon de réaliser nos projets, que je meurs si je dois vivre sans lui ; oh ! l'amour est capable de produire des miracles ; avec lui je saurai accomplir des choses plus grandes que ce que me permettent actuellement mes simples fonctions de roi, ensemble nous serons puissants, nous vivrons et agirons pour les générations futures.

Mon frère est majeur, je lui transmets le pouvoir ; j'arriverai en compagnie du fidèle Frédéric, je resterai aux lieux où je me sens attiré, c'est ma destination ; il ne s'agit pas de vivre dans l'oisiveté. Oh non ! J'espère pouvoir lui être utile, le servir en maintes choses ; nous ne devons pas être séparés ; je vous en conjure, écrivez-moi bientôt, communiquez-moi cette ineffable nouvelle, que l'Unique, l'adoré reconnaît qu'il existe de plus hautes couronnes, de plus nobles royaumes que ceux, maudits, de cette terre, qu'il applaudit à mes projets, qu'il comprend la puissance de l'amour qui m'attire vers lui, qu'il sait que je ne puis vivre qu'à ses côtés ; ô mon amie, ce n'est qu'alors que je vivrai ; délivrez-moi de ce semblant d'existence. Oh ! la nouvelle de son acceptation, la lettre porteuse de délivrance, bientôt, très bientôt ! Ne croyez pas qu'il s'agisse d'une décision exaltée, aventureuse. Par Dieu, elle ne l'est pas. D'ailleurs le jour viendra où les hommes apprendront à connaître la puissance de cet amour et de cette prédestination. Exposez-lui tout cela, je vous en supplie, priez-le en mon nom ; qu'il ne me laisse pas mourir, languir ; oh ! il ne le fera pas ; il ne condamnera pas à être séparé de lui celui qui n'est sur terre que pour lui, pour LUI. Il ne tentera pas de me faire entendre que le métier de roi est ma vraie vocation ; il faut que je le rejoigne pour n'être plus jamais séparé de lui, c'est là ma vocation. Alors, mon esprit et mon cœur pourront s'épanouir, oui, alors seulement ! Maintenant mon cœur est brisé ; je me force à vivre et, je le sais, il ne s'agit pas du caprice d'un moment, non ! non ! Unis nous pouvons beaucoup, mais ici je ne peux rien faire, ici le terrain n'est pas favorable et ne le sera jamais pour nos grandes visées. Obtenez pour moi l'accord du très cher ! Bénédiction et salut pour lui et pour vous, chère amie ! Ce ne sont pas les soucis et les difficultés politiques qui me poussent à prendre cette décision, ce serait alors une lâcheté. Seule, la pensée de ma véritable vocation, que viennent entraver mes fonctions de roi, me pousse à faire le pas décisif ; ici et dans ces conditions, je ne puis rien pour le très cher ; je le comprends nettement ; ma place est là-bas, c'est là-bas, auprès de lui, à ses côtés, que m'appelle le destin ! Fidèle et aimant en éternité.

Votre ami Louis.

P.S. C'est à vous, chère amie, que j'adresse cette lettre ; je ne lui ai pas parlé directement de ma décision, l'émotion qu'elle lui aurait procuré aurait pu lui être nuisible ; je vous prie de lui communiquer le contenu essentiel de cette lettre en d'autres termes. A tous mes meilleures amitiés !

L.

Cette lettre est en contradiction avec celle du 18 juillet 1866 adressée à Wagner et dont voici un passage :

... Oh ! comme le monde est terriblement, affreusement triste : c'est le règne des esprits de la nuit ; partout il n'y a qu'imposture et trahison, les serments n'ont plus de valeur, les contrats sont brisés ; cependant je n'abandonne pas encore tout espoir. Dieu veuille que l'autonomie de la Bavière soit respectée ; si cela ne doit pas être, si nous tombons sous l'hégémonie de la Prusse, alors je veux me retirer, je ne veux pas être un fantôme de roi sans puissance ! O Allemagne ! Si tout se déchire, si les liens les plus étroits, les plus sacrés sont brisés de façon indigne, nous, nous demeurerons éternellement fidèles ; le jour viendra où le monde reconnaîtra le sens profond de notre union indissoluble.

... ...

Richard Wagner à Louis II.

Lucerne, le 26 juillet 1866.

Mon Roi !

Voici l'unique, la grande, la décisive, l'instante prière que je recommande à votre cœur !

Appelez immédiatement le prince Hohenlohe-Schillingfürst auprès de vous, confiez-vous à lui, demandez-lui conseil.

Vous vous devez à vous-même, vous devez à votre pays d'accomplir en parfaite indépendance le pas décisif. Je me déclare disposé à supporter tout ce qui résultera de votre entrevue avec le prince. Même la déposition de votre couronne paraîtra plus légère à ma conscience tourmentée si elle résulte de cette consultation et si je sais que toutes vos dispositions ont été prises dans la dignité.

Par amour pour moi, accordez-moi ce que je vous demande et évitez ainsi le désespoir à votre ami fidèle jusque dans la mort,

Richard Wagner.

Louis II à Richard Wagner.

Mi-novembre 1869.

Mon ami par-dessus tout aimé !

Il m'est impossible de me taire plus longtemps. Oh ! les sots bavardages d'hommes à la vue courte et mal intentionnés qui peuvent croire à la rupture de notre amitié ; qu'ils me connaissent mal ! Une telle rupture ne serait possible qu'en brisant mon propre cœur ! N'est-ce pas, mon cher ami, vous ne me méconnaîtrez jamais ? Du monde entier, je pourrais le supporter facilement, de votre part, ce serait pour moi un coup mortel ! Ah ! mon Dieu, le désir d'écouter votre œuvre divine a été si puissant, si invincible ! Si j'ai manqué de parole, soyez indulgent, pardonnez-moi ; ce qui m'a poussé à enfreindre vos ordres, c'est une nostalgie extrême d'écouter enfin le commencement de l'œuvre qui déjà souleva l'enthousiasme de ma première jeunesse, à tel point que je voulais

mourir après avoir pénétré ses profondeurs, après avoir
aspiré ses célestes délices ; maintenant, condamnez-moi.
Je méprise le mensonge, je ne veux user d'aucun faux-
fuyant, je vous confesse ouvertement que je reconnais mes
erreurs et que je m'en repens ; j'aurais dû vous communiquer personnellement mes désirs, mais j'ai ressenti une
rancune, pas tout à fait injustifiée, contre ceux qui se sont
crus appelés à exécuter votre volonté, certainement tout à
fait à l'encontre de vos intentions. C'est à vous que je suis
attaché plus que jamais par l'amour et par l'amitié, vos
idéals sont les miens, vous servir est le devoir de ma vie ;
aucun homme n'est capable de me faire du mal, mais
quand vous me portez rigueur, je me sens touché mortelle-
ment. Oh ! écrivez-moi et pardonnez à votre ami qui
reconnaît sa faute ; non, non, nous ne nous séparerons
jamais ; le ressort même de ma vie s'en trouverait atteint
et je serais livré à un désespoir infini ; la pensée de mettre
fin à mes jours ne me serait pas étrangère.

... ...

On avait forcé la main du roi, le persuadant de donner
son autorisation à la direction de l'Opéra de Munich qui
tenait à faire jouer *l'Or du Rhin* en l'absence de Wagner et
dans le cadre des représentations courantes.

Richard Wagner à Louis II.

Lucerne, le 20 novembre 1869.

... Je vous demande donc de me communiquer après mûre réflexion, de me faire savoir d'une façon claire et définitive, si vous avez réellement voulu, sérieusement et sincèrement, l'exécution du grand projet selon lequel nous devions représenter *les Nibelungen* et les montrer au peuple allemand comme le point de départ monumental d'une nouvelle et très noble époque de l'art. Seul le plus profond de vous-même peut vous dire si telle a jamais été votre volonté véritable. La tournure qu'ont pris les choses depuis deux ans – deux années exactement maintenant – devait me révéler de façon de plus en plus nette qu'en réalité vous ne voulez point l'exécution de ce plan et pis encore, que les tourments qui vous ont été causés par mes exigences à ce propos vous ont éloigné de moi. Depuis que j'ai compris cela, je me suis vu forcé de me retirer en moi-même : ces deux années ont été un triste et dernier vacillement de la flamme sacrée qui jusque-là avait éclairé notre union. Mesurez les sentiments d'amertume et de total abandon que je devais éprouver en me voyant contraint d'être le témoin de vos ordres, par lesquels vous rabaissez une œuvre prodigieuse au niveau d'un médiocre répertoire d'opéra joué en présence des abonnés et des critiques ! Je n'ai rien à vous répéter à ce sujet ; car, avant même de vous connaître, alors que je n'avais encore aucun espoir de rencontrer un roi généreux, j'avais tracé clairement et avec précision le projet unique et exclusif selon lequel devait être représentée mon œuvre. Je me permets donc de vous renvoyer une fois encore au préambule de mon poème de *l'Anneau des Nibelungen*, si vous voulez bien comprendre ce que je dois nécessairement ressentir en ce moment. Mais en voilà assez. Peut-être tout cela n'était-il qu'un tourment passager. La situation, si confuse actuellement, vous a peut-être fait oublier qu'il vous était permis, à vous, le roi, personnellement, mais uniquement à vous, de voir représenter mon œuvre par moi-même, à tout instant, dans son inévitable imperfection, mais du moins dans ses intentions essentielles. Mais ce privilège était précisément réservé à vous, mon ami profondément compréhensif. Et maintenant, voici la question dont la réponse nous tracera l'avenir :

VOULEZ-VOUS MON ŒUVRE COMME JE LA VEUX, ou : NE LA VOULEZ-VOUS PAS AINSI ?

… … …

Richard Wagner à Louis II.

Triebschen, le 15 juin 1870.

Mon généreux maître et Roi !

Je vous en conjure une fois encore : faites représenter *la Valkyrie* pour VOUS, mais à l'exclusion du public. Choisissez un prétexte quelconque pour motiver cette décision : faites donner pour vous seul plusieurs répétitions générales, et déclarez ensuite que pour des motifs personnels vous remettez la représentation à une date ultérieure.

Si vous ne pouviez ou ne vouliez donner suite à ma prière, je ne saurais vous en vouloir, bien que je prévois les conséquences les plus insupportables, cependant je me verrais dans l'obligation de m'enfermer dans le silence : je puis tout surmonter, tout subir, lorsqu'il s'agit de répondre à vos désirs ; je ne puis cependant dominer la douleur profonde dont me remplit cette façon inouïe d'en user avec mon œuvre : en dépit de toutes mes bonnes intentions, je m'en sens la victime parce qu'elle est plus puissante que le souci de mon repos.

Que le Dieu qui m'inspira vous permette de comprendre ce que je veux dire et vous le fasse entendre ; il ne s'agit pas d'un égoïsme vide et creux !

J'espère en votre générosité !

Profondément attristé, mais fidèle jusque dans la mort,

Votre Richard Wagner.

En fait, la première de *la Valkyrie* eut lieu à Munich le 26 juin 1870 ; Wagner en fut profondément contrarié. Cependant, par une lettre de 1871, le secrétaire d'État lui communique l'intention du roi de faire représenter *Siegfried*. Cette information met Wagner au comble de l'agitation, et il décide d'empêcher la représentation par tous les moyens. Mais en mars 1872, Louis II somme Wagner de lui adresser la partition de *Siegfried* et lui rappelle d'une façon presque brutale que la propriété effective de l'œuvre lui revient de droit. Pour préserver son œuvre, Wagner en nie l'achèvement. La correspondance de cette période révèle à quel point les deux amis sont devenus étrangers l'un à l'autre, chacun suivant le fil de sa pensée : alors que les préoccupations de Wagner sollicitent une réponse, le roi poursuit son monologue d'un lyrisme puéril.

Le 16 avril 1871, première visite de Wagner à Bayreuth. Il en rapporte un souvenir inoubliable et se promet d'en faire le cadre de son festival. Le théâtre lui semble cependant peu adapté à ses projets. A la fin de l'automne 1871, il établit le premier contact avec l'administration officielle de Bayreuth, et, à partir de ce moment, ses projets prennent forme rapidement. Au mois d'avril de l'année suivante, il va définitivement s'installer à Bayreuth, et le 22 mai, jour de son cinquante-neuvième anniversaire, est posée la première pierre du grand théâtre. Par le télégramme qui suit, le roi exprimait la part qu'il prenait à la cérémonie et effaçait ainsi tout ce qui avait porté ombrage à sa grande amitié avec Wagner.

Au poète compositeur, Monsieur Richard Wagner à Bayreuth.

Télégramme de Kochel à Bayreuth.

22 mai 1872.

Du plus profond de mon âme je vous exprime, mon très cher ami, mes félicitations les plus chaleureuses et les plus sincères en cette journée si essentielle pour l'Allemagne tout entière. Salut et bénédiction pour l'année prochaine à la grande entreprise. Aujourd'hui, plus que jamais je suis en esprit avec vous.

Louis.

La construction de l'édifice engloutit des sommes bien supérieures à ce qui avait été prévu. Sur les instances de Wagner, le roi lui accorda à deux reprises son appui financier et c'est donc à Louis II que revient le mérite d'avoir sauvé l'entreprise de Bayreuth.

Cette grande victoire artistique apporta à Wagner la joie de retrouver son ami royal qui assista aux répétitions générales de la Tétralogie ainsi qu'à la troisième représentation. L'impression de l'œuvre sur Louis II fit naître en lui un nouvel élan d'enthousiasme pour la personnalité de Wagner ; c'est ce qui explique le dernier sursaut de leur amitié.

Fin octobre 1880, Wagner s'arrêta deux semaines à Munich pour assister, aux côtés du roi, à une représentation privée de *Lohengrin*. Le surlendemain, il dirigeait personnellement, à l'intention de son auguste mécène, le prélude de *Parsifal*. Ainsi cette œuvre, qui naguère avait fait du roi le plus brûlant admirateur de Wagner, devenait le dernier lieu de rencontre des deux amis.

Choix extrait de « Briefwechsel Ludwig II und Wagner », avec l'autorisation des éditions Braun, Karlsruhe.

Table des documents

Table des matières

Cet ouvrage a été mis en pages par Pixellence
59100 Roubaix

Ce volume,
Le deuxième de la collection « Le goût de l'Histoire »
publié aux Éditions Les Belles Lettres,
a été achevé d'imprimer
en février 2019
sur les presses
de l'imprimerie SEPEC
01960 Péronnas

dépôt légal : mars 2019
N° d'éditeur : 9214 – N° d'impression : 05425190102
Imprimé en France

PEFC 10-31-1470 / Certifié PEFC / Ce produit est issu de forêts gérées durablement et de sources contrôlées. / pefc-france.org

GUY
DE
POURTALÈS